萧友梅书信
暨办学文档选

中央音乐学院萧友梅音乐教育促进会　黄旭东　编

中央音乐学院出版社

图书在版编目（CIP）数据

萧友梅书信暨办学文档选／萧友梅音乐教育促进会，黄旭东编．—北京：中央音乐学院出版社，2016.5
ISBN 978-7-81096-666-5

Ⅰ.①萧… Ⅱ.①萧…②黄… Ⅲ.①萧友梅（1884~1940）-书信集 Ⅳ.①K825.76

中国版本图书馆 CIP 数据核字（2015）第 018035 号

萧友梅书信暨办学文档选 　　　　　　萧友梅音乐教育促进会黄旭东编

出版发行：中央音乐学院出版社
经　　销：新华书店
开　　本：880×1230 毫米　32 开　印张：9.25
印　　刷：北京京都六环印刷厂
版　　次：2016 年 5 月第 1 版　2016 年 5 月第 1 次印刷
印　　数：1—800 册
书　　号：ISBN 978-7-81096-666-5
定　　价：39.80 元

中央音乐学院出版社　北京市西城区鲍家街 43 号　　邮编：100031
发行部：(010) 66418248　　　66415711（传真）

目 录

萧友梅先生的办学精神（代序） ………………………… 钱仁康 1

萧友梅书信

本部留德学生萧友梅学业成绩报告及请予研究期限一年理由书
（摘录） ………………………………………………………… 3
关于第三次辞代理院长之呈文 ……………………………… 11
致中比庚款委员会函稿 ……………………………………… 12
致立法院胡汉民院长函 ……………………………………… 14
致立法院院长邵元冲函 ……………………………………… 16
致汪精卫先生函 ……………………………………………… 18
与杨仲子、林风眠联名呈文教育部函 ……………………… 20
为呈述本校困难情形祈按照开办第二年应增加预算发给并催拨
积欠 …………………………………………………………… 23
为提倡词的解放者进一言 …………………………………… 25
与林风眠联名致函教育部 …………………………………… 29
致中比庚款委员会委员长函 ………………………………… 31

致吴市长潘教育局长函 ………………………… 32
关于延期开学致教育部函 ……………………… 33
致上海市政府公函 ………………………………… 34
致张道藩函 ………………………………………… 35
致王世杰函 ………………………………………… 37
致教育部张道藩次长 ……………………………… 39
致高教司司长吴俊升函 …………………………… 41

北京大学音乐传习所时期音乐会节目单

（1）本校附设音乐传习所第一次演奏会秩序单 …………… 45
（2）第三次演奏会秩序单 ………………………………… 46
（3）本校附设音乐传习所第四次演奏会预告 …………… 49
（4）本校附设音乐传习所第五次演奏会预告 …………… 51
（5）本校附设音乐传习所第六次音乐会秩序单 ………… 54
（6）北大附设音乐传习所第七次音乐会秩序单 ………… 57
（7）本校附设音乐传习所第八次音乐会秩序单 ………… 59
（8）北大附设音乐传习所第九次音乐会 ………………… 62
（9）北大附设音乐传习所第十次音乐会 ………………… 63
（10）北大附设音乐传习所第十一次音乐会秩序单 ……… 66
（11）北大附设音乐传习所第十二次音乐会秩序单 ……… 68
（12）北大附设音乐传习所第十三次音乐会秩序单 ……… 71
（13）北大附设音乐传习所第十四次音乐会秩序单 ……… 72
（14）北大附设音乐传习所第一次学生演奏会 …………… 74
（15）北大附设音乐传习所第十五次音乐会秩序单 ……… 77
（16）音乐传习所第十六次音乐会秩序单 ………………… 79

（17）音乐传习所第二次学生演奏会秩序单 …………………… 81
（18）音乐传习所第十七次演奏会秩序单 ………………………… 83
（19）音乐传习所第十八次秩序单 ………………………………… 84
（20）音乐传习所第十九次演奏会 ………………………………… 86
（21）音乐传习所第二十次演奏会秩序单 ………………………… 87
（22）音乐传习所第四次学生演奏会秩序单 ……………………… 89
（23）本校附设音乐传习所师范科毕业音乐会 …………………… 92
（24）本校钢琴教员嘉祉先生告别音乐会预告 …………………… 94
嘉祉先生告别音乐会 ……………………………………………… 95

国立音乐专科学校时期音乐会节目单

第七次学生演奏会 ………………………………………………… 99
本校第一届学生音乐会秩序单 …………………………………… 103
胡周淑安先生举行中西乐会并请陈黄炜贤女士独奏，夏璐德女士
　伴奏 ……………………………………………………………… 106
第十一次学生演奏会秩序单 ……………………………………… 107
第十二次学生演奏会秩序单 ……………………………………… 110
第二次学生歌乐会秩序单 ………………………………………… 113
第十三次学生演奏会秩序单 ……………………………………… 117
第二届学生音乐会秩序单 ………………………………………… 119
第十四次学生演奏会 ……………………………………………… 123
第十五次学生演奏会 ……………………………………………… 125
本校赈灾音乐会 …………………………………………………… 127
第十六次学生演奏会 ……………………………………………… 130
第十七次学生演奏会 ……………………………………………… 132

第十八次学生演奏会	134
第十九次学生演奏会	136
本校五周纪念音乐会	139
第二十次学生演奏会	142
第二十一次学生演奏会	144
第四次学生歌乐会	147
喻宜萱女士及劳景贤君歌乐会	148
本校第一届毕业生音乐会	151
钢琴组第一届毕业考试	153
本校学生特别演奏会	154
第二十二次学生演奏会	156
第二十三次学生演奏会	158
本校六周纪念音乐会节目单	161
第二十四次学生演奏会	164
第二十五次学生演奏会	166
第二十六次学生演奏会	168
第二十七次学生演奏会	170
第五次学生音乐会节目单	172
本校教员音乐会节目单	175
本校第二十八次学生演奏会节目单	177
本校第二十九次学生演奏会节目单	180
本校七周纪念音乐会	183
本校师生应大夏大学之邀请举行音乐会节目单	184
国立音乐专科学校	186
本校钢琴高级考试节目单	187

本校第二届毕业生音乐会节目单	188
国立音乐专科学校学生演奏会节目	189
大夏大学邀请本校师生演奏会节目	191
本校第二届毕业生音乐会节目	192
本校春季音乐大会节目	193
本校学生演奏会节目第三十二次	196
第三十三次演奏会节目单	197
第三十四次演奏会节目单	198
第三十五次演奏会节目单	199
第三十六次演奏会节目单	201
第三十七次演奏会节目单	202
第三十八次演奏会节目单	203
第三十九次演奏会节目单	204
本校庆祝蔡院长孑民先生七十大寿学生音乐会节目单	205
二十五年上学期学生演奏会节目第四十三次	207
第四十四次演奏会节目单	208
第四十五次演奏会节目单	210
第四十六次演奏会节目单	211
第四十七次演奏会节目单	213
第四十八次演奏会节目单	214
第四十九次演奏会节目单	217
二十五年度下学期音乐演奏会节目第五十次学生演奏会	218
第五十一次学生钢琴演奏会	219
第五十二次学生演奏会	220
第五十三次学生演奏会	221

第八次春季学生演奏大会 ……………………………………… 222
第五届毕业生演奏会 …………………………………………… 225

萧友梅办学文档

北大音乐研究会章程 …………………………………………… 229
国立音乐专科学校学则 ………………………………………… 235
选科章程（1932 年 6 月改正经呈教育部备案）……………… 246
国立音乐院学生惩戒章程 ……………………………………… 251
审计委员会章程 ………………………………………………… 253
修正理论作曲组课程标准 ……………………………………… 254
修正本校组职大纲 ……………………………………………… 257
国立音乐专科学校抗日救国会成立 …………………………… 259
国立音乐专科学校抗日救国会宣言 …………………………… 261

萧友梅办学的基本特色
　　——以国立音专为例 ……………………………… 黄旭东 264
试谈萧友梅时期"国立音专"规范化的学生演出制度
　　……………………………………………………… 黄旭东 273

编后记 …………………………………………………… 282

萧友梅先生的办学精神
（代　序）

钱仁康

萧友梅先生早年留学日本和德国。1920年学成归国不久，就在北京大学音乐研究会编印的《音乐杂志》第1卷第3号发表了一篇题作《什么是音乐？外国的音乐教育机关。什么是乐学？中国音乐教育不发达的原因》的文章，文中慨乎言之，说现在的西洋音乐"本来不能叫它做西洋音乐，因为将来中国音乐进步的时候还是和这音乐一般，因为音乐没有什么国界的"。后来这句话常常被用来作为萧先生崇拜外国、主张中国音乐全盘西化的佐证。现在看来，萧先生当时说这句话可能有一些语病，容易引起误解；但他的本意，决不是要我们抛弃民族传统，跟着西方音乐亦步亦趋，做学舌的鹦鹉。实际上他在1934年写的《音乐家的新生活》一书的序言中，对这个问题已经明确表示了自己的见解，他说："我之提倡西乐，并不是要我们同胞做巴哈［今译巴赫］、莫查特［今译莫扎特］、贝吐芬［今译贝多芬］的干儿，我们只要做他们的学生。和声学并不是音乐，它只是和音的法子，我们要运用这进步的和声学来创造我们的新音乐。音乐的骨干是一民族的民族性，如果我们不是艺术的猴子，我们一定可以在我们乐曲里面保存我们的民族性，虽然它的形式是欧化的。莫查特是德意志人,他写意大利文的歌剧,还一样表现出德意志的民族精神,我们正不必作这种无谓的杞忧。"

这"无谓的杞忧"是什么?就是怕喝了牛奶变成牛。对此,鲁迅先生早已在《关于知识阶级》文中一语道破:"虽然西洋文明吧,我们能吸收时,就是西洋文明也变成我们自己的了,好像吃牛肉一样,决不会吃了牛肉自己就变成牛肉的。"

萧友梅先生一向认为,学习西方作曲技术的目的,是要改造中国旧乐,创造民族新音乐。1938年初他在回答《音乐月刊》记者提出的十个问题时说:"与其说复兴中国旧乐,不如说改造中国音乐较为有趣。因为复兴旧乐不过是照旧法再来一下,说到改造,就要采取其精英,剔去其渣滓,并且用新形式表出之,所以一切技术与工具须采用西方的,但必须保留其精神,方不至失去民族性。"改造旧乐、创造新乐所以要采用西方的技术和工具,乃是因为"我国的音乐,在某一时代,虽然有过一点小名誉,但是在本国的立场上看来,至少可以说最近三百年来没有什么进化,若拿现代西洋音乐来比较,至少落后了一千年。"(《旧乐沿革·卷头语》)

萧先生一生为音乐教育事业呕心沥血,鞠躬尽瘁,目的就是要培养能够改造旧乐、创造新乐的专门人才。为了让音专学生掌握演奏民族乐器的技能,除了设置琵琶和二胡专业外,还规定理论作曲组的学生至少要修习一件民族乐器。理论作曲组的学生,还要具备阅读古谱的能力,在专业课的升级考试中,有一门试题就是译工尺谱为五线谱。萧先生晚年潜心编写《旧乐沿革》的教材,并亲自讲课,还是要为改造旧乐、创造新乐提供思想武器,用他自己的话来说,就是"除要很虚心的把我们旧乐的特色找出来之外,也要把它不进化的原因和事实,一件一件的找出来,教给我们学音乐的同志作参考,好像做医生的先要知道病人的病原、病根,才容易有把握下手去医治"。

有一件事使萧先生感到十分痛心，就是音专的一部分学生，特别是有些女学生，毕业以后嫁个如意郎君，呆在家里无所事事，把音乐当做装饰品，没有发挥他所期望的改造旧乐、创造新乐的作用。他在苦思焦虑之中，终于在招生方针上提出了一个办法，就是请全国各省保送有志音乐事业的学生来校学习，毕业后回省工作。这一方案实施以后，果然收到了一定效果。由此可见，萧先生为培养复兴民族音乐的专门人才而办学，毕生惨淡经营，用心良苦。新中国建立以来，我国高等音乐教育事业蓬勃发展，人才辈出，正在不同岗位上担负起复兴民族音乐的重任，我们饮水思源，不能忘记萧友梅先生是我国高等音乐教育事业的劳苦功高的奠基人。

（本文选做代序，征得钱仁康先生女儿钱亦平教授的同意；该文原载戴鹏海、黄旭东编《萧友梅纪念文集》第466－468页，上海音乐出版社出版，1993年12月第1版）

萧友梅书信

本部留德学生萧友梅学业成绩报告及请予研究期限一年理由书(摘录)

说明：本文在《教育公报》刊出时，德文字母有误植；2006年1月《人民音乐》重刊时完全按抄录的原文刊载，未加改正。今据孙海《萧友梅留德史料新探》(2007年第一期《音乐研究》)一文所作订正，将其排在方括号内。当年地名、人名的译文有与今译不同者，也将今译以楷体字排在方括号内。

——编者

友梅自民国元年十月二十九日由天津启程，经由俄国来德。于十一月十日抵德京柏林，预备语学三个月。民国二年一月八日因前教育总长蔡孑民先生之劝告，由柏林转学索逊王邦莱不齐府（Leipzig）[今译撒克逊和莱比锡]。同年四月先后进该府之王立大学[即国立莱比锡大学]哲学科及王立音乐学校（Konigh Konsurnatorium der Musik）[Königliches Konservatorium der Musik，即国立莱比锡音乐学院]之理论科。民国四年七月，先在音乐学校毕业。考试成绩二等甲（该校考试评点分四等），勤课评点一等，品行评点一等。

毕业该校后，即预备应大学毕业考试。友梅在大学所习专科，本为哲科大学内之教育科（前在日本东京帝国大学毕业亦然）。嗣因大学校考试定章（凡应考者须报主科一，副科二），凡以教育学为主科者，须以西洋哲学及哲学史为副科之一。唯预备此科，需费时日，总在两年以上。而友梅于欧战发生后，报部预定毕业期限只至民国五年九月止。以一年之时日，自四年八月至五年八月，预备此种艰深之学科，自问脑力薄弱，断难达到目的。遂改报乐学 Musikuisskehapt [Musikwissenschaft] 及音乐史为主科，而以教育史及人类学为口述试验副科。（在大学所修了之讲义，另纸开列。）友梅提出之论文，为《中国乐队史至清初止》（Geschedthshe untersurhung uber das chinesche Cerchester bis zum 17. Jahrhundert）。[编者注：在《萧友梅音乐文集》（上海音乐出版社，1990年12月第一版）中博士论文题为 Eine geschichtliche Untersuchung über das chinesische Orchester bis zum 17. Jahrhundert] 查大学考试例，须由教授二人阅卷。正阅卷曰 Refereut [Referent]，副阅卷曰 Conpereut [Coreferent]。友梅之论文，初由大学校副校长派定乐学主任李门（Ruimam）[Riemann，今译里曼(Karl Wilhelm Julius Hugo Riemann 1848—1919)]

（正阅卷）与佘龄（Sehering）[Schering，今译舍龄或谢林]（副阅卷）（佘龄是否就是下一段的事雷）同看。嗣由佘教授有兵役未能如期返校（此事已于去年报告监督），而该大学之汉文教授孔拉底（Conrady）[今译康雷弟] 向大学副校长要求参与阅卷，副校长遂允其所请，改派孔教授为副阅卷。友梅之论文于民国五年六月二十七日提出，先由李门教授阅看，至七月十七日阅毕。孔教授因当时事冗，只略阅一遍，即云论文及格有余，但详细评点，仍须俟暑假时细阅，始能发表。而李门教授所定之论文评点为 admodum landabils [admodum laudabilis]。

论文既已通过，照章应可受口述试验，并定于七月二十六日举行。由副校长派定试验委员三人，李门教授问乐学，史帕冷格[今译施普朗格］教授问教育史，事雷［今译作阿诺尔德·舍林（Arnold Scherin）］教授问人类学。不意于试验前一星期，史教授忽得重病，入院疗养，教育史一科遂不能举行。乃从副校长之忠告，改报东方语学及东亚历史为副科，并由孔教授考问。试验之日，由各教授轮流每人问一小时之久。问毕，即由副校长发表口述试验评语。其评语为 Magna Cum lande [magna cum laude]，与论文评语之 Admodum landabilis 均在最优等与优等之间。据拉丁字面，似可译为"大优等"或"大褒奖"之意。闻我国留德学生，得过此种评语者极少，故翌日全国报章，即遍载此事，并有多处画报编辑人，函索相片，亦物罕为奇耳。逾数日，素不相识之德人及荷兰人来函定购论文者十余起。并有将校二人，由战地发函，要求赠予论文者。以此项论题，向未经人研究故也。

考试既毕，于八月赴东海避暑一个月。九月返柏林，十月进柏林大学之哲学科，十一月进斯天些士音乐学校（Stem'schs Kousunatorium der musik）[Stern'sches Konservatorium der Musik，今译斯特恩音乐学院]之乐正科及作曲科，学习指挥及作曲（此二科前岁在莱府时因考大学毕业试，未及修了，故补习之）。[抄录者按：此处似有所删节]一俟莱府大学发回论文原稿，即当与书店商酌印刷。友梅自转学柏林后，已二次函催莱府大学从速发回论文。至腊月底始得新副校长回片。据称该论文尚在孔教授处，一俟阅毕，即当发还等语。究竟何时可以发还，回片并未提及。故本月三日，特正式递禀。托词将于春假返国，请该大学促孔教授从速阅看，并要求于三月以前，将原稿发还，以便付印等语。唯已过十日，尚未见正式批示，究竟孔教授何时可以阅毕，尚难预知。唯据大学考试定章有"毕业生于口述试验及格后于一年内，须将论文印本二百部呈缴大学，方得正式领凭"一条。则论文原稿，至迟于本年七月中当可发出。本报告迟延至今日始呈寄者,职是之故。以上为自入学至毕业考试之实在大概情形也。

至于成绩品之可言者,除毕业论文《中国乐队史》(约百五十页,插图六十五幅,乐谱十余页)可作单行本出版外,乐曲之已作成者如下:

一、小夜乐一部(Serenade)(太簇硬调,乐统四部合奏用)

二、雪中行军进行曲一首(无射硬调,军乐队及洋琴用)

三、冬夜梦无词曲一首(仲吕软调,大提琴用洋琴伴奏)

四、哀悼引(Tranerrnarsek)[Trauermusik]一曲,追悼黄、蔡二先生(黄钟软调,洋琴军乐队及大乐队用)。(编者注:黄指黄兴,蔡指蔡锷)

以上四曲,均去年所作。其民国四年以前,在莱府作成者尚有二声理想小曲(muentior)[疑为意大利语 Minuetto 或德语 Menuett 之误]四首、二声赋格曲(Fugaa 2 voei)[Fuga 2 voice]四首、三声赋格曲(Fugaa 3 voei)[Fuga 3 voice]八首与四声赋格曲(Fugaa 4 voei)[Fuga 4 voice]五首,共二十一曲。现拟作者,尚有平和大乐一部(Firaden Syuphonie)[Friedenssymphonie],作为音乐学校毕业成绩之作,预定本年五六月可以脱稿。以上各曲,均属乐器乐曲,以皆有声无词也。

此外,已经着手编著之专门书籍,尚有六种:

一、泰西音乐史略

二、中国音乐史略

三、西乐合声系统

四、曲体学(以上四种均已编成三分之一或四分之一)

五、对位法(Kontrapuukt)[Kontrapunkt]

六、人类学纲要(此二种现正搜集材料)

此六种编著，非再费三四年不能脱稿。非有巨大图书馆与专门博物馆之补助不能达到美满目的。人类学一门，尤须多次旅行，方可集得正确材料。且查外国大学毕业生，欲报名在大学充当讲师之职者 Habilitiar [habilitatus]，于毕业之后，非再认真研究四五年不可得之。区区一博士学位，不过证明其人有独立研究科学之眼光与能力，决非证明其人之学业已成熟也。至于优等文凭及各种褒状，不过用以愧励不热心向学之徒。在认真求学者，只知向前研究，从未计及此等奖励也。友梅原意，本欲请教育部再予研究期限三四年，俾所编著书籍可以脱稿。然部章既定研究期限为一年，则于未改章以前，此议自不能提出。拟请教育部仍照章给予研究期限一年，至民国七年九月止。以研究图书馆、博物馆、通俗大学（或名国民高等学校）与科学戏——［原文为竖排，此处为一短竖。"科学戏"，即 Wissenschaftstheater，是科学和戏剧的结合，目的是用艺术的形式表现科学内容。这种戏剧形式至今尚存，尤其在各类学校中。］之组织办法为主。拟自本年四月起即先在德国研究，并以五个月为限，至本年八月止。九、十两月，拟赴瑞士，研究兼视察其国民学校。（瑞士亦共和国，而用三国语，但其教育方针与美德迥异，可为我国参考之处甚多，友梅前年八月往避暑时，仅窥其一二，九月学校再开课，当可畅观一切。但现值中立国金价腾贵之时，仍未便久留，故只请以二月为限。）本年十月至明年三月，拟由瑞士赴法国研究。民国七年四月至六月赴英，七月至九月赴美研究，至七年十月，然后由美返国。庶几见闻，不至限于一隅，且既有所比较，自可收择善从之之效。（查日本文部省所派遣之海外留学生，其指定留学国，率在两国以上，以欧美各国教育，确各有所长也。）友梅久欲计划人类学修学旅行一次，徒为战局所阻，如本年内和议可成，当欲实行之。但当缩小旅行范围，且仅以六星期至两个月为度。拟先经由奥匈遍游巴尔干各国，至土耳其京城——［原文为竖排，此处为一短竖，不识此为何字。］然后转由海道，经由希腊、意大利回法国。以此区域，为欧洲人种杂处之地，可以观察各族之特性，并搜集人类学材料也。人类学书所载，属臆说者甚多，且著者眼光，各有不同，究竟百闻不如一见也。此旅行路线虽短，所需旅费，仍属不少，如能得教育部有所补助，则尤当感激无涯矣。至于论文印费，预计虽在千马克以上，友梅已于此一年内极力撙节，贮蓄有三百马克，若售去皮外套，尚可得三百马克之谱。其余半数只可于年内或教授汉文，或为人翻译文件，竭力筹之。诚以此种款项，无例可援，更不敢妄请部津贴矣。以上理由，希代达教育部核办。

在莱府大学修了之讲义如下：

一、伦理原理

二、伦理学之根本问题

三、道德统计与教化统计

四、伦理学之根本事实

五、普通美学

六、普通心理学

七、民族心理学

八、儿童心理学

九、儿童心理学实验

十、现今之宗教问题

十一、教育史概论

十二、卢梭之教育学

十三、卢梭以后之教育制度学理论

十四、实验教育学初阶

十五、实验教育学演习

十六、宗教改革以后之学者教育史

十七、学校编制问题

十八、现今之德国教育

十九、学校法制史学校组织史与精神上文明之关系

二十、学校病与学校卫生

二十一、十七十八世纪德国音乐史

二十二、音乐美学概论

二十三、康德以后之德国音乐美学

二十四、歌曲之节奏法与分韵法

二十五、泰西古乐谱乐

二十六、乐曲体裁原论

二十七、和声学及实习

二十八、对位法实习

二十九、德国歌剧史自 Mozart 至 Wagner

三十、音乐史概论

三十一、乐经家 Bach 传与著作

三十二、乐经家 Bethoven 传〔Beethoven〕

三十三、Mensuial〔mensural〕乐谱翻译

三十四、在十八、十九世纪美术与世界观光线下之戏曲大家 Wagner

三十五、十六世纪著各乐曲之解释

三十六、对位法史

三十七、乐经家 Mozart 传及其歌剧 Figars〔Figaros〕法阶式之解释

三十八、乐器学

三十九、1871 年至 1914 年之德国内部发展

四十、比较人类学（经济社会风俗习惯）

实验教育研究科

乐学研究科

人类学研究科

在以上三科，均曾充会员并曾担任讲演数次。

（原载1917年3月20日出版之《教育公报》第4年第4期；汪朴2004年9月8-10日抄录，9月20日初校于首都图书馆期刊阅览室）

关于第三次辞代理院长之呈文

呈　为请派员接代院长事。窃友梅前承前大学院蔡院长函令，充代理职院院长职务。自抚识力短浅，固辞未邀准派他员接代，勉荷重负，丛脞滋深。兹又届第二学年终了之期，所有结束以前计划及进行以后之教务、事务，亟须得人而理。友梅性情拘绌，材力庸下，万难再肩重任，理合呈请迅予派员接代院长一职，以重国家唯一之音乐教育，无任企幸。再，前蒙蔡院长聘任友梅为职院教务主任，今已期满，应俟钧部派院长到院，另聘充任，合并陈明。此呈
教育部部长蒋

国立音乐院代理院长萧友梅
十八年六月二十日

1929年6月20日（《音乐院院刊》第3号）

致中比庚款委员会函稿

迳启者：查我国对于音乐专门教育，向为当局所漠视。故亦无丝毫之设备。年前北大虽附有传习所，北平各校亦间有专科或音乐学系之设，均视为附庸之科。而当局中，竟无一人亦无分文的款以图建立一独立之音乐教育机关者，其可慨叹何可胜言。一国文化之高下，胥以其艺术之发展如何为衡。音乐一道，为专门艺术之一，其涵镕国民德性之力为最钜。东西各国对于音乐教育无不有专门设备，亦无有不视美的教育为必要者。独我国则放任之而不置之意。溯自有宋南渡以后，教坊之废已垂千祀。我国音乐所存于民间者，已如一线。不特无进步之可言，抑亦几于绝响，遑论公的教育之可言。故由音乐之本体言，实有改进之必要。而由音乐教育言，尤有输入西方技术以为改革我国固有音乐之准备，其为必要中之必要。理至显明，无俟烦言。然此种重大之责任，断非在一二大学附设专科所克胜任。我国府诸公暨本院蔡院长元培有见及此，特于十六年南北力战干戈未定之时，创设本院以为音乐专门教育之唯一机关。其时国府正在竭蹶之中。虽在国中为此破天荒之举，而以政费之窘难，故开办费之拨付亦仅得一部分极微之数（不过三千金）。中间以三数热诚创办份子努力进行，故此草创之局，幸而获就。然规模未具，赁庑以居，当此革命艰险之时，亦无可如何之事。今幸革命完成，建设方始。本院在过去两年之顷，虽无若何伟大之成绩，然以同人之努力暨社会之信任，校誉日起，故学生亦日以增多。惜限于经费未能尽量扩充，实为憾事。以本院之计划，正拟于十八年度增聘比国教授数人，将以比国〔编者注：指比利时〕著名世界之提琴技术灌输中国，并拟每年选派优等毕业生数名派往比国留学，肄习高等音乐，以为沟通中比音乐艺术之基础。惟本院经费每月预算仅得五千元。关于校舍建筑设备，亦以政府经费支绌未遑拨付，故尚缺如。依本院工程师计划，校舍建筑约需三十万元（内校舍八万元，音乐堂十万元，男女宿舍每所四万元，体育馆四万元）。在我国财政极感困难之今日，此项建筑费实属无法筹措。拟请贵委员会本沟通中比文化艺术之宗旨，在中比庚款项下如数拨给本院，俾资早日建筑，永留纪念。实纫公谊。附呈本院概况一册并希察照。此致

中比庚款委员会委员长褚〔编者注：褚指褚民宜〕

萧友梅

1929 年 7 月 20 日

致立法院胡汉民院长函

展堂先生：刻闻诸教部中人，以大学组织法前经政治会议议决，删去关于艺术音乐等学院得单独设立之一项，惟该案仍送交贵院审查等语。查音乐一门，英美各国大学学制类有分科设立之规定，如英之 Oxford 及 Dublin 等，美之 Pennsylvaina 等大学均为音乐分科大学，并有音乐学博士学位之给予，完全其为专科大学性质，例至显明；又如德国柏林之 Hochschule Der Musik 大学则完全为音乐单科大学，且附有研究院之设。此外英美各大学咸有音乐学系一门，与文理法工诸学系并列，并无歧视之规定。诚以音乐一门理论技术兼重，而乐器种类尤属繁多，一艺之精，习之累八九年，犹恐未及，与其他科学迥不相侔，实有单独设立之必要。而我国音乐，在历史上固早列于六艺之林，而数千年来湮没不彰，理论研究固所未遑，技术失传尤为可惜。不及此时输入欧西技术，以精研国乐之理发扬而光大之，岂非后人之责。前大学院学制原规定音乐一门得单独设院研究，故有国立音乐院之设。此已为我国学术机关破天荒之作，虽限于经费，规模仅具，而办理期年，成绩著於社会。倘并此根基锄而去之，毋乃可惜！

查此次大学组织法草案精神，系采各国大学学制之长镕冶一炉，原非规仿某某一国制度者可比，自宜参考欧美各国规制折衷取长，以免贻讥于世。方今大乱之后，国民道德正待涵濡，美的教育实为必要，尤不宜置之度外，使国民精神靡所寄托，是岂国家创制之本意？想贵院立法务持其平，必不如此。友梅以数十年之致力于此门，粗有所知，用敢挈其大要略陈左右，敬希代转贵院诸公，于审查此案时仍于维持原案，俾音乐大学仍得单独设立。至以为幸。耑此即颂，勋祺不一。

萧友梅　1929年7月20

（编者注：展堂为胡汉民的别名）

致立法院院长邵元冲函

翼如先生惠鉴：睽违教益，动增企仰炎酷，想道履清和以为至颂。兹有请者敝校自大学组织法颁布后，由前国立音乐院改组成立，忽忽数载，虽标名有殊而因缘旧规，程度内容与前音乐院并无若何差异，徒为大学组织法所限，致以一"院"字之靳，遂屏之于大学之外，此靡特弟个人为之惋叹。凡属国内外艺术学人，靡不一致感愤。故复院运动，自北平上海杭州诸校先后发起，历年未已。诚以艺术、科学，理宜并重，审美的精神，道德之陶冶，既不可废，即艺术科学固不能薄之为不值一钱。吾国学制独于此处表示弱点。在一般批评，容或以为立法技术之未周，然亦盍不博。考欧美诸邦学制以为之镜。

查德国之

（1）Die Staatliche Akademische Hochschule fuer Musik Zu Charlotttnbrng [Charlottenburg]；

（2）Hochschule fuer Musik Zu muenchen；

（3）Hochschule fuer Musik Zu Sondershausen；以及匈牙利之 Hochschule fuer Musik Zu Budapest；均系单科大学制度，柏林之音乐大学且附设有研究院。英国爱丁堡（Edinburg）、伯明罕（Birmingham)、Dublin 各大学均有音乐院之设,其他如牛津、剑桥、伦敦、满车士打、爱尔兰、Wales 各大学及美国之欧柏林、耶鲁、西北各大学且有音乐学士、博士学位之颁,自非音乐科学技术理论,均极精微,有非深湛研究,未足以极其造诣者,则此诸先进国家岂无专门教育家,宁能厕之于大学之林,其中固有卓见可知也。颇闻吾国大学组织法,教育部提出草案,对于音乐艺术原无歧视,其后不知以何因缘遽至于此,可为扼腕。素仰先生与贤内助,对于音乐艺术夙所重视。敝校及杭州艺专学校同人现正联合一致,以向贵院请愿修改大学组织法,俾音乐艺术两科得复与其他科学厕于平等地位。想先生对于此种不平等之待遇必具同情,同人等拟恳鼎力赐予援助,用先函达,敬请示以周行,不胜企幸,专颂议祺。

萧友梅　1931 年 9 月

(《音》第 16 期)

致汪精卫先生函

精卫院长先生大鉴：数年阔别，怀慕常殷，客冬执事，养疴沪滨，两番趋谒，当遵医嘱，不敢坚求晤教，怅也。何如？乃者，国难方深，我公出膺艰巨，牺牲奋斗，薄海同钦。慨自暴日侵凌海滨，弦诵之地，强半夷为瓦砾，其摧残文化，冀以壅塞民聪，使悉坠于万劫不复之境。居心险毒，至可痛伤。弟忝长音专，幸属安全地域，思为此方教育延此一线生机，再四筹商，决定勉强开学。惟是经费积欠，巧妇不能为无米之炊，进退两难，眠食都废。前曾具呈教部，恳予难持时日，迁延尚无确切办法，用敢再将音专状况一为执事陈之。

我国原以礼乐化民，而后世乐教衰落，至于今日，几不复更闻声正。自前院长蔡孑民提倡美育于十六年［编者按：即1927年］，实始创办本校。几经辛苦筹划，乃克略具规模。数载以还，校务蒸蒸日上，外籍学生闻风而至者接踵不绝。本期名额业已超过全校十分之一，此为国内任何大学之所未有。我有史以来唯一之音乐教育机关，开办不及五年，乃有此光荣历史，宁非厚幸！其所以致此之故，谭君仲逵，知之最稔。此实蔡前院长及政府诸公加意维护之力，非弟所敢妄自居功者也。校内经费月不过五千元，约略估计仅占平津京沪各国立学校一百一十份之一（平津各校月共三十五万元，京沪各校月共二十万零二百八十元，合共五十五万零二百八十元），为数极微。而积欠四月，本校负债至一万五千元以上，精疲力竭，勉为撑持。褚民谊先生极知弟之苦况。乞公就近咨询，当得其详。有此困难，本期原无开学之望，独念教育为国家命脉所系。本校又有特殊情形，岂肯艰难缔造之基，一旦陷于停顿，且校课虽偏重音乐，而精神教育平日亦极为注意。证之最近暴日扰我淞沪，而我万众一心协力御侮，莫非年来各教育机关努力抗日工作，唤醒民众之明效，大验耶。今淞沪沿线各大学，既被倭寇摧毁无余，沪本校及中法工学院为仅存硕果。我公夙倡文治，当不忍令其遽就销沉。亦知国难当前，财政奇窘，本校为国内外观瞻所系，亦即民族精神之所寄托，想早在洞鉴中。惟有仰仗鼎力维持，迅饬财政部，依照行政院第六次会议决案，先发去年积欠之半数即一个半月及一月份所欠三千元，以偿逋负而利进行。其余积欠，并恳分期摊发至二月以后，尤望俯鉴本校特殊历史，按期拨发，以维校务，即为音乐教育存此一线曙光。公谊私情，两俱迫切。专此奉恳伫候

明诲顺颂

钧安

萧友梅敬白

1932 年 2 月 24 日

（编者注：萧友梅撰写此信的当年，汪精卫为民国政府行政院长，也就是在他投敌叛国之前）

与杨仲子、林风眠联名呈文教育部函

窃我国民政府自奠都南京以来，上秉总理遗教，下体兆民舆情，既积极为物质之建设，尤努力为精神之教养。于是先后在上海、杭州创设国立音乐艺术学院，北平艺校。亦扩充范围改为艺术学院。足征我政府仰体总理心理建设之明训，培植民族德性之至意。

属校等奉命办理以来，方孜孜于教学之努力，学科之扩充，以期无负政府提倡艺术教育之盛意，人民希冀文艺复兴之期望。不图于民国十八年秋，乃忽奉命改为专科学校。属校等再四思维，固一面为艺术教育前途惜，一面为我中华民族德性危矣！

夫科学者，无论其为声、光、电、化、动植物、飞潜，要皆格物致知，开物成务，理性之事也，其功效在物质。艺术者，无论其为绘画、雕塑、音乐、戏剧，要皆明心见性，修德怡情，感情之事也，其功效在精神。尚精神忽物质不可也，尚物质略精神其可乎？今也以科学为主体之国立大学、学院比比皆是，犹嫌其少，以艺术为教学之国立学院伶仃孤立，竟以为多，此属校等为艺术前途惜者一。

科学者，飞潜、动植物、声、光、电、化各学之总名也；艺术者，绘画、雕塑、音乐、戏剧、建筑、工艺各系之合称也。遍考各国，从无科学专科学校之名，独于我国竟有艺术音乐专科学校之实，名实所在，文野所关，此属校等为艺术前途惜者二。

我国民政府尝孜孜于古物之保管，藏书之处理矣，考其用意，岂非以为书物者，五千年历史之遗迹，古今来文化之所系乎？然古物者何？古今雕塑、乐器、书画也，藏书者何？古人之文艺作品也，管理古人之艺术，以为现代民众之自信力计，善策也。忽略现代艺术，不为将来民众之自信力计，危政也。此艺术有关于民族德性者一，不可不察也。

人类具有感情，民族应具德性，孔子立信之说，孟子手足之论，齐以政令，动以感情之谓也。周重宗法，以尊彝为祭赠之仪；汉重名节，以图象为鼓励之法，诗为五经之首，画为六艺之一，盖艺术不特为文化素之所寄，亦且为世道人心之所存。三民主义之共信须立也，移情易性之艺术可鄙乎？此艺术有关民族德性之二，不可不图也。

民族进化，固有赖于物质，亦有赖于知识；知识传授，固有赖于识字，亦有赖于艺术，盖识字每失于枯燥，艺术则常易于动情也。有知识而后可称为健全之国民，有艺术而后能得其深切之进化，此艺术有关民族德性者三，不可不取也。

犹有进者，提倡科学者，动谓其有裨于民众生活；鄙艺术者，辄斥其徒尚虚文，此殆片面之谈，一偏之见，独不见充斥市场之洋货，其所以销行特畅者，未必以质地胜我，每多以装饰过人乎？国货果能使尽善尽美，洋货未必为国人喜用，此工艺艺术之有关社会经济者又其一，不可不求也。

综上理由，属校等认为提高艺术教育，恢复学院组织，教养民族德性，完成心理建设，实为当务之急。纠正既往，获效将来，百年树人，在此一举。为此缕晰会陈，伏乞。

钧部俯念艺术教育，关系国家文化，民族精神，至深且钜，准于恢复属校等学院组织。俾莘莘学子，得资深造，而宏教育，艺术

前途,实深利赖!谨呈

    教育部

国立北平大学艺术学院院长杨仲子
国立音乐专科学校校长萧友梅
国立杭州艺术专科学校校长林风眠
1932年4月21日

(《音》第20.21.22期合刊)

为呈述本校困难情形祈按照开办第二年应增加预算发给并催拨积欠

为呈请催拨积欠以资维持事。窃本校经费向极短绌，加以积欠过钜，请速向财政部催前年十月至十二月及去年一月份六成经费，以资涓注，此其一。又本校开办费迄未领得，以致校舍尚无定址，租赁民房，五年四异其地，刻又须迁移，殊若无适当地点，请速向财政部催发部定之开办费六万元，以资建筑，此其二。本校新预算要求增加之数甚少（每月不过一千元），仅足维持本校开办第二年的计划（原定每年添招新生五十名经费每月增加三千元，招至第五年止）。况本校学额，本年度已增至一百余名，加以近来上海物价日腾，非此实不足以利进行，并闻上海国立商学院、医学院均已各加经费，本校似更觉向隅，此其三。所有本校经费困难情形理合缕陈。仰祈鉴核施行，实为公便。谨呈

教育部部长朱

国立音乐专科学校校长萧友梅
1933 年 1 月 23 日

编者注：教育部长朱，是指朱家骅（1892—1963），浙江吴兴

人,早年留学德国,归国后曾先后出任北京大学校长、中山大学代理校长,1932年起任国民政府教育部长。

为提倡词的解放者进一言

自从曾今可先生近日提倡词的解放以来,这两三个月间有好几位对于这问题发表了些意见。我们把那些意见分析一下,就知道他们的主张不外下列三种。

第一种　主张填词一定要有谱(要照词牌规定的句法字数作成),但不必拘泥平仄,不必凑韵,要活用"死律",要以新事物新情感入词,并可自由选用现代语。

第二种　亦主张必须要照词牌填词,要讲平仄,但不用典故和比较深奥陈腐的文言,应改用浅近文言或完全用白话。

第三种　主张完全不用旧词牌,不讲平仄,创作新词。

三种主张自然各有一部分的理由,但是同时亦各有一部分的误会。譬如为平民化为容易普及起见,词句当然不能用深奥陈腐的文言,新事物新情感当然可以入词。但是关于"典故"一点,亦并非绝对不可用。因为在我国有许多著名的典故,未曾读过书的人,亦常晓得的,只要用典故者谨慎选择,便无问题。假如想作成一首专门家的词或艺术的词,那末"典故"和"有艺术价值的词藻"更不能不用了。

至于把旧词牌的句法和字数认作乐谱,或把旧词牌每句规定的平仄认作乐谱，在音乐的立场看来，都是一种误会。在创作第一个词牌的人，所作第一首词也许用过乐谱；但是这个原来的词谱早已失掉了。后人作词至多不过照足词牌的句数、字数与平仄填上，以为如此填法，便有音乐在其中。这是误认某词牌的平仄相间格式为乐谱，因此在报上发表了许多无谓的争论。虽然语音有平仄是我国文字的特色，但某种平仄相间用法（比如仄仄平平平仄仄，平平仄仄平平之类）不过是一种谐和的音节，并不是乐谱。有许多悲欢离合不同性质的词句，可以用一种平仄相间法作成，但绝对不能用一种性质的音乐来制谱。因为"音乐"是表现情感的媒介物，同时也可以用来描写自然界现象的。制谱者依照词句的性质作成适当的音乐，不能预先作定一谱，听人家随便填上各种不同性质的词，都可以使用的。作词家假如明白这个道理，就可以不必死守旧词牌作词了。

张双红先生在他的《谱的解放》一篇说得好，他说："……古人当初创造词的时候，他们并没有什么'谱'来做依据，他们都是创作——自度腔，而后世的人，自己不会创作，只会依着古人的'谱'来填，依样葫芦的填。这样的相传下去，就变成非依照古人的'谱'便不得谓之'词'了。这并不是'词'的缚人，正是后世的文人在那里作茧自缚啊！"（中略）他又说："其实'词'的得不到解放，也并不是研究'词'的人少的缘故，这是作'词'的人没有勇气来创作'自度腔'的缘故。中国文人的通病，便是把古人看做神圣一般，古人的作品，总以为是不错的。因此都驯伏地情愿把自己的活泼的思想言辞，来受古人的'词'的束缚与限制，从此词人就变成了词匠，灵活的词就变成死的'词'了。"（下略）

张君最末了说的那两句，我们虽然不敢断定个个词人都是词匠，与夫所有后人填的词都是死词，总之近代词人少却一种创作的勇气，已经是不可讳言。所以我们对于词家，有下列几点的希望：

一、旧词牌既然无曲谱之可考（纵使有曲谱，亦未必适用于填各种性质不同的词），就不必一定要照他的格式填词。与其解放一部分，何如完全创作？

二、既然知道旧词句的平仄格式不是乐谱，也就不必句句照足去填。但有一句声明，在四字以上的词句，所用的字总以平仄相间较合音节，全用平声或全用仄声五字以上的词句，读起来总觉得音节欠和谐。

三、作者如有意创作，而又想容易传播，那么最好多作新歌，一面为文学界开一个新纪元，一面供给作曲家做制谱的对象。

四、至于歌词内容问题，要看歌词的性质和形式如何，不能一定，大约能谱的歌不外下列两大类：

甲，民歌　依他的性质来分类，有儿歌、晨歌、晚歌、宴会歌、各种季节歌、历史歌、军歌、战歌、爱国歌、学生歌、送别歌、挽歌、悲歌、恋歌、旅行歌、嘉礼歌、樵歌、摇船歌、猎歌、渔歌、农歌和工人之歌等等几十种之多；他的形式，为便于群众歌唱，最好照《诗经》国风的体裁，每篇分几章，每章少则几句多则十几句（但各章的句数最好一律），可是不要句句字数一样，因为像五言排律或七言排律的诗，作起谱来，很难有变化，曲调如无变化，就觉得太单调了。民歌既然是为群众作的，那么歌词的内容，自然以少用典故，多用浅近文言或白语为最相宜。

乙，艺术歌　这名词是由西文 Art Song 翻译成的。他的性质不外分抒情和叙事两种。可以分开几段，每段句数可以多少不同（非如民歌每章句数必要一律），词句里边除浅近文言外，典故和有艺术价值的词藻，均不妨并用。因为这种歌词已经属于专门歌的一类，能唱这种歌能看这种歌的人们，都应该有相当的文学知识了。

五、韵的问题　"韵"于歌词音节上极有关系，但一首歌不必限用平韵亦不必限用仄韵，最好是平仄统用（如东董送三韵可以并用）并且一首歌可以换韵数次。

以上所举五点，都是我们最希望提倡词的解放诸君采用的。最后还有一言：古语说，"移风易俗，莫善于乐"。其实音乐不过只有一半的力量。真要移风易俗，还要等词人诗人多创作新歌出来，给作曲的人去制谱，等制成歌谱之后，你们的歌词更加容易普及，岂不是比单独印专集更有效力吗？我国民气的柔弱不振，自然是因为国民教育没有办好，但是社会上缺乏一种雄壮的歌词和发扬蹈厉的音乐，也有很大的关系。这些责任，应该由诗人词人和作曲者各担负一半的。所以我极盼望海内诗人词人，尤其盼望提倡新诗和解放旧词诸君，一齐起来共同合作，使吾国民气逐渐可以振起，岂不是很愉快吗？

（原载《音》1932年12月至1933年2月号合刊）

与林风眠联名致函教育部

窃查属校等原名国立音乐院,国立艺术院,民国十八年冬改订大学组织法,未将艺术、音乐两科列入,奉命改为专科学校。属校等自从奉令改专以来,范围狭隘,精神教养不克尽量实施,艺术教育亦苦无由发展,殊深痛惜!查艺术、音乐两科,为陶冶民族德性,启发民族精神之要素,工艺美术,尤可提高国民生产,关系国家文化民族民生者至深至钜。当兹训政时期,提高艺术教育,教养民族德性,完成心理建设,实为当务之急。属校等鉴于艺术、音乐教育之重要,曾于上年七月钧部召集国立专科以上学校校长会议,缮具提案,请予修改大学组织法,将艺术、音乐两科列入大学范围,并请将属校等即予恢复学院组织,俾宏教育,提请大会讨论。经上年 7 月 12 日第二次会议议决:"大学组织法第 5 条第 2 项删除'得分两科'四字,增订同条第三项,文曰,凡教授艺术及音乐之学校,如其程度与大学程度相等者,亦得称为独立学院。"查属校等招收新生资格,及学科程度,实与大学程度资格相等,毫无差异,自应依照修正大学组织法恢复学院组织,以正名实。现在学年将届终了,下年度招生在即,用敢联衔会呈钧部,俯赐案核,准予恢复学院组织,改称独立学院,俾正名实,而宏教育,艺术前途,实深利赖。

  谨呈教育部

国立音乐专科学校校长萧友梅
国立杭州艺术专科学校校长林风眠
1933年5月24日

（上音档案520-37（1）-59）

致中比庚款委员会委员长函

（为请选派本校毕业生李献敏赴欧洲求学以资深造由）

　　迳启者顷闻：贵会议决选派国内优秀学子，出国求学，以资深造，蔚为国材。此举实为吾国文化前途，有莫大之裨益，迷听之余，良深庆幸！

　　兹查有本校去年度第一届毕业生李献敏（本科钢琴组）学业成绩，均属优良，有志赴欧研究再求宏造。特此函恳贵会准予选派，为音乐教育，培植通才，将来学成归国，皆出自诸公之赐。务希卓裁见复，无任企祷！此致
中比庚款委员会委员长

萧友梅　1933年9月14日

致吴市长潘教育局长函

铁城、公展先生大鉴：窃查世界各大都会，莫不有管弦大乐队之设立，以阐扬文化，而增进人群之幸福。沪上为我国最大商埠，工部局办管弦大乐队，获益者，当为我市民享受最多。每年所费巨资（十二余万元）在我国财政困难之秋，决无此力设立。该局既有此队，实为至幸。近闻有停办之议，并定于本星期三（十八日）召集华人纳税会开会决定，设果停办殊觉可惜。特此函恳贵社局迅予函该会，请共提出抗议，俾维原状，不惟全市市民获益，而文化建设前途实关重要，无任盼祷，专此顺颂

公祺

弟萧友梅敬启 1934 年 4 月 16 日

关于延期开学致教育部函

案查二十四年度上学期本应于九月一日开学，惟本校现因市中心区新校舍须至九月二十日始能完工，且本校前以无力建造宿舍，经与上海邮政储金汇业局订定租约，租赁坐落民献路现造房屋六所作宿舍之用，预计该项房屋须于十月十五日方能完工，而本校现赁校舍，房东已屡次要求迁移，再不能稍延时日。故特决定于七月二十日房屋期满之日，将校具图书乐器等先期运入新校舍之练习室，俟十月十五日所定宿舍完工即正式开学。统计此次延迟开学，牺牲时间共六星期。为图补救起见，特经本校校务会议议决，不放寒假及春假，明年暑假延迟一星期，不从六月二十三日而从七月一日起，如是合计，共可补回四星期。一年之间，所牺牲者虽尚有两星期，然此实因特殊情形，无法避免者，且仅限于一次，理合详细陈明。仰祈鉴核准予变通，实为公便！

谨呈

教育部部长王

国立音乐专科学校校长萧友梅

1935 年 6 月 17 日

致上海市政府公函

迳启者：本校女生林沾恩，昨晚六时许从上海乘公共汽车返市中心本校，至卫生局下车，徒行近民庆路口，突有暴徒二人拦路行劫，当将该生手提皮包及黑皮夹各一个强抢而去，窃以民庆路口密迩贵府，该匪徒等竟敢如此横行，市中心区之安宁必将大受影响，为此拟请

贵府转饬所属严缉匪徒，并沿途加设岗位，以保市民安全，至纫公谊！
此致
上海市市长吴
附失单乙份

校长萧友梅

（原载《音》62期，1937年1月、2月号）

致张道藩函

前奉钧示，辱承过奖，愧弗克当，梅只有尽吾人维护艺术之天职，竭力做去而已。自本学期起，本校为避免纠纷计，虽暂用上海音乐院名义办理，唯新迁校址（法租界高恩路432号）以属住宅区范围，邻居西人仍然反对有声音之功课，以致捕房有促本校再迁他处之举。但现在沪地房屋因四处迁来难民甚多，业已住满，虽欲再迁，亦无适当之地。同人等以此种情形，如暑假前战事未能结束，下学期恐难维持下去，加以环境关系，不能教授爱国歌词，致无法发挥爱国情感，此为精神上最大之苦痛，谅先生亦表同情。故暑假前战事如未能了结，同人颇有提议下学期暂迁至九龙办理，以该处交通方便，聘请外籍教员及报考新生均易办到。俟战事结束后，校址仍当追随首都。未知尊意以为如何？便中希与部长一谈，并祈 赐复为盼。专此顺颂

台安

萧友梅谨启 1938年3月24日

此信是托人带交，信封上写："敬烦 荣便交汉口汉景街德华里

114号教育部办事处 张次长亲启 沪萧缄。"信封背面又写有"复示请寄香港九龙深水 福荣街7号四楼卢碧伦［注］先生转"。张道藩阅后在信函上有批语："交社会教育司提出部务会议"字样；信封上还有批语："张次长嘱速复告萧校长，勿迁，并电告。"（原件存南京第二历史档案馆）注：卢碧伦为陈洪先生夫人。

致王世杰函

雪艇吾兄如见：昨日商学院长裴君转来秘书处真密电备悉一一，兹将本校最近两周情况略述如下：

1. 法工部局暗示本校迁移，前月底法租界曾藉口现在校址之邻居不喜练习音乐，冀吾校另觅地址并称此事系发自该属警务处，后经向警务处保安处政务部询问，处处均不接头，乃直向邻居葡人某疏通，经已寻得其谅解，平安无事。但本月六日法工部局教育处复请梅去谈话，促本校仍以早日迁居为佳，其意盖防伪组织成立后有所干涉，不如早为之处置，故七日电文有'事业恐难维持'之语。

2. 迁移后仍可维持。经数次讨论之后，以另租用有大花园之洋房，租价总在七八百元以上，无法付租，乃与美专商定，从明年起借用该校课堂四五间，为全班上课及办公之用，其个人教授之技术功课，则分散在各教员住宅上课，如此既可不挂校牌，又省去一笔房租一面将校具存放在高恩路432号（用职员陈君为名义租用）今晨并与震旦大学商量，遇必要可否将本校暂时不用之钢琴及书谱寄存该校（大概可希望其答应）。如此办法，不独不露痕迹，且可安全无险。

3. 经费至少为有四成仍可维持。经费一层亦曾详细考虑，假如政府确无法筹足七成,即有四成发出,亦可勉强对付。若骤然下令停办不发经费,则对付一群西籍教员,必甚困难。(梅或届时有逃避之必要)故不如设法能发四成较可使他们易于谅解也。

4. 如迁内地,须照新方案办理。假如政府因政局权限之关系全战区各校一律迁入内地时,本校当然不能例外,届时只有照新方案办理(新方案理由及办法另纸录上)因为照现在办法日下在内地绝对办不到,不独发七成办不到,如发足十成亦办不到。盖大多数外籍教员不能入内地,在战局未定之前,大多数学生亦不能赴内地也。故只有照新方案新招两班学生,办理应时势需要的音乐科班,对于旧生只有按暂时作为休学,俟战后方可讲求善后之法。迁内地后如有四成经费亦可维持,至廿五年度未用完之临时费［重点号为原文所有］两万一千余元仍拟保留,作为在内地建造校舍之用,此点谅必可蒙同意也。

5. 附告　大同、光华两校被禁之后,大同仍在科学图书馆及某小学上课,光华则在愚园路岐山村租房开学,今早闻光华已被工部局通知即时迁离,以愚园路为越界筑路,司法权仍属华方。近日敌军在愚园路到处检查,并在公共租界到处捕人,故工部局有此举云。至法租界截止本日,尚无此种事件发生,差堪告慰。七妹等谅已到衡山,将来未知尚须西迁否,念念。余容再述。即候近佳。

友梅 1937 年 12 月 14 日

(函件上有王世杰用毛笔写的批语:"不可迁内地　杰")

致教育部张道藩次长

道藩次长先生大鉴：前月曾上一函，询问部中对于本校拟下学期迁九龙办理意见，谅邀垂览。在沪因通信不自由，异常沉闷。14[日]晚始在褚民谊先生处晤及部中代表蒋建百先生，到者除各国立校长外尚有刘海粟及陈梦家二君。始知陈部长决意维持各校经费，并允以后按照现在所发数目，依时发放，至为欣慰。唯是晚商谈结果，众意均以为下学期如仍在沪办理，除交通、通讯、言论、教授、表演等等不自由外，尚有被接收或生命之危险。故如各该校不能自己设法迁移，不如请部中于暑假前下令办理结束，较为妥善。继又有人提议，不如在各校未结束前，先由部派人来沪，暗中推定商界要人若干名组织一个私立XX大学董事会，而令国立各校长亦改一名字加入为董事或为秘书。一面组织起来，先行招生，而暗中由各校令各生于各该校停办后转入该新私立大学之各院。在表面上不过多了一私立大学，事实上仍由各校长幕后主持。至经费则以原有者充作补助费等等。但此办法除中法工学院不能加入外，于音专亦不合适。因音专是一个由小孩到成人组成的混合学校，高中未毕业之学生占了四分之三，绝对不能编入大学文学院之音乐系。故梅认为有独立办理之必要。适在九龙认识一同乡，向来办理经租及承建房屋者，曾电询其有无适当办理学校用的房屋，竟不期得到一个四幢相连的房子（地点在九龙学校区），房价与沪上相仿佛。一面探悉顾次长不日来港出席文化基金董事会并嘱各校推代表到港面述沪上各校实在情况。故于20日乘轮来沪（港），昨已往九龙看过上述之房屋，尚属合用，且要六月底方可完工交房。此时沪上正办理结束，即行运载校具教具之一部来九，固不致多垫房租，又不致延误招生日期，且九龙亦系租界，既可在沪法租界办理，在九龙暂时续办至战事结束为止，亦何尝不可。至于迁移由沪至港有直达轮船，至为便利，运费不致多化，时间又极经济，非在内地迁移者可比。唯旧有之白俄教员，或者多数不能南来，然此亦无妨，尽可在港另聘一部分西籍导师，一面多聘请本国人担任。学生愿留沪从旧有西籍教员学习技术者，听其自由。将来亦可由该教员证明其成绩，于返校时补给该科目学分。故梅以为此机会实不可失。尝盖既可维持学校（音专）之生命，不使中断，更可放胆训练学生爱国工作，于政府抗战教育方针亦相符合。故极望先生将此意转达陈部长，并望于十日内（一星期内更佳）飞函示复，以便即行定租房屋。盖此机会一失，即极难再寻得也。除再向顾次长面陈外，谨先奉恳敬候回示。祗颂
　　均安

萧友梅谨白
1938年4月23日

复示请寄香港西环吉直街21号威化公司杨佩芝君转。
此信从香港以航空挂号快信寄出，署名萧雪朋。

（原件存南京中国第二历史档案馆；因档案馆明文规定不允许复印，由汪朴、赵洁老师抄录。）

致高教司司长吴俊升函

　　俊升司长先生大鉴：今早接奉六月三日通告嘱"暂勿印招生简章，所有下年度招生日期、地点及名额将由部中统筹支配，以期适应抗战时期之特殊环境与需要"等语，自当遵命。查本校每学年终所聘专任及兼任教员人数，均视学校下学年拟设各学科重点数目而定，如遇某项乐器预科学习人数不多时（如军乐器之类）更须先探明有无教授此项乐器之人才。然后招生，俟取录新生缴费后，方发聘书。如此办法，不至招了学生请不到教员或请了教员招不到学生。下学年招生分配办法既由部中规定，故在此项规定未发表之前，本校月终发聘书，颇感困难。又本校系专门音乐学校，学生入学年龄与程度标准，不能与大学各学院一律，因学音乐技术以年轻者容易入手，故本校历年所招新生，除师范类外年龄均以十六岁以下初中毕业者为合格，选科生如有天才，虽只满八岁亦可收录；至于本科及师专学生，开办以来未曾招收过一个新生。以吾国音乐教育落后，校外未有合格之音乐本科预备学校也（钱琪之能入师专，亦系曾在本校选科预备）。

　　又关于入学试验之学科，本校一年注重音乐乐理、技术、听觉、视唱与中西文，本国历史；算术只考至比例分数，其余如代数、几何、物理、化学、博物、地理等科均不试验。盖长于此者即属于彼，唯物理学内之声学大意（acourtics）仍由本校辅授。以上数点希望于规定招生办法时，予以考虑。

顷又闻部中有将沪上各校院合并办一联合大学之意。如果是事实的话，音专一部分，无论用何名义，希望仍旧保留原形。因为假如采用德国大学或美国哈佛大学学制，只在哲学院或文学院设一音乐系，便侧重音乐理论和音乐史两方面，于音乐技术及音乐师资付缺如；假如采用中央大学教育学院或北平大学女子文理学院之音乐科办法，便侧重音乐师资，于高级理论及技术两方面均未顾及。故最好采用如美国 ceferlin 大学学制，于大学之内设一音乐院 conservatory of music（本来音乐院系一自儿童至成年混合学校，与大学之各学院不同）庶几理论、技术、师资三方面均可顾到。查本校现在除毕业者不计外，尚有学生八十一人，其主科分配如下：以理论作曲为主科者八人，习师范者三十人，以技术为主科者四十三人。其余年龄籍贯之统计表，请参看昨寄上之概况表。

至关于适应抗战时期之特殊环境与需要，本校原拟定了一个计划，不过此计划在沪上目前断难实现，在内地办理又不容易聘请教员，故日前有将此一部分在九龙办理之议，作为音专分校也可，作为音专第二部也可。兹仍将该办法呈阅并祈就便转呈部长以备参考。如蒙采用，当即将具体办法续呈，余不一，祈颂大安

弟　萧友梅敬启
1938 年 6 月 21 日

北京大学音乐传习所时期音乐会节目单

（1） 本校附设音乐传习所第一次演奏会秩序单

日期：十二月十七晚七点半
地址：马神庙第二院大讲堂

1. 管弦六部合奏 　　　　　　　作曲者　　　　　演奏者
   Overture "Poet and Peasant"　Fr. v. Suppe　　本所导师
   ［《诗人与农夫》序曲］　　　［弗朗茨·冯·苏佩］
2. 管弦八部合奏　　　　　　　　　　　　　　　　同上
   a) Venezianisches Gondellied　Mendelssohn
      ［威尼斯船歌］　　　　　　［门德尔松］
   b) Frühlingslied
      ［春之歌］
3. 钢琴独奏　　　　　　　　　　　　　　　　　　杨仲子先生
4. 管弦八部合奏　　　　　　　　　　　　　　　　本所导师
   Troika-Fahrt　　　　　　　　P. Tschaikowsky
   ［雪橇］　　　　　　　　　　［彼得·柴科夫斯基］
5. 提琴独奏　　　　　　　　　　　　　　　　　　赵年魁先生
6. 管弦八部合奏　　　　　　　　　　　　　　　　本所导师
   Deutscher Siegesmarsch　　　Franz Liszt
   ［德意志胜利进行曲］　　　　［弗朗茨·李斯特］　刘天华先生等
7. 中国弦乐五部合奏
   虞舜薰风操
   (Variations on the Theme of Yu-Shun Hsuin Feng Chao)　刘天华先生
8. 三弦拟唱
   a) 辕门斩子
   b) 彩楼配
9. 钢琴独奏
   Rigoletto-Paraphrase　　　　Franz Liszt　　　　Mr. Gartz
   ［《弄臣》音乐会释义曲］　　［李斯特］　　　　［嘉祉先生］

10. 管弦八部合奏　　　　　　　　　　　　本所导师
 a）American Intermezzo　　Leon Jessel
  ［阿美利加间奏曲］　　［莱昂·耶塞尔
  　　　　　　　　　　　（德）1871—1942］
 b）Rakoczi-Czardas　　　Gustav Michiels
  ［拉科西－恰尔达什］　［古斯塔夫·米歇尔斯］

［原载《北京大学日刊》（以下简称《日刊》）民国十一年（1922年）12月17日（星期日）第四版］

（2）第三次演奏会秩序单

日期：一月十九晚七点半
地点：马神庙第二院大讲堂

作曲者及曲目　　　　　　　　　　　　　　**演奏者**

1. J. S. Bach（1685—1750）　　　　　　　本所导师
 ［约翰·塞巴斯蒂安·巴赫］：
 a）Aria from the Cantata No. 68
  ［康塔塔 No 68《上帝热爱世界》（1725）中的咏叹调］
 b）Bourree（古舞曲）［布雷舞曲］
2. J. Haydn（1732—1809）［约瑟夫·海顿］：　　同上
 Die Himmel erzählen die Ehre Gottes
 （天述神之名誉）
 ［天国正在吐露上帝的荣耀］
 (Chorus from the Oratorio "Die Schöpfung")
 ［清唱剧《创世纪》中的合唱］
3. H. C. Lumbye（1810—1874）　　　　　　赵年魁先生
 ［汉斯·克里斯蒂安·卢姆比，
 丹麦指挥、舞曲作曲家］：
 提琴独奏 Phantasie（幻想曲）

4. W. A. Mozart（1756—1791）［莫扎特］： 本所导师
   a）Ouverture "Don Juan"
      （歌剧"Don Juan"之引子）
      ［《唐璜》（《唐乔瓦尼》）序曲］
   b）Menuett from the Sinfonie in E^b.
      （大^{b}E 调大乐第三段）
      ［^{b}E 大调交响乐第三乐章小步舞曲］
5. L. v. Beethoven（1770—1827）［贝多芬］： 同上
   Andante from the V Symphonie
   ［第五交响乐第二乐章行板］
6. Fr. Schubert（1797—1828）［舒伯特］： 同上
   小歌二曲［艺术歌曲］
   a）Leise flehen meine Lieder!
      （我的歌低声祈愿）
      ［《天鹅之歌》之四］
   b）Horch, Horch!（听！听！）
      ［听！听！云雀］
7. Fr. Chopin（1810—1849）［肖邦］： Mr. Gartz.
   钢琴独奏 Ballade in g minor op. 23 ［嘉祉先生］
   ［g 小调叙事曲，Op. 23］
8. G. Meyerbeer（1791—1864）［贾科莫·迈耶贝尔］：本所导师
   Triumphmarsch.（凯旋进行曲）
9. R. Eilenberg［里夏德·艾伦贝格］： 同上
   a）Petersburger Schlittenfahrt（彼得堡的橇遊）
   b）Sourire de bonheur（幸福的微笑）

本晚演奏者本校导师之外尚有第一小提琴师那全立，小铜角师王广福，法国铜角师连润启，低音提琴师徐玉秀四君临时加入。

秩序单之说明

此次演奏之乐曲大概分三种：（一）模范派音乐（Klassische Musik）［古典主义音乐］，（二）自由派音乐（Romantische Musik）［浪漫主义音乐］，（三）酬应音乐（Salon Musik）［沙龙音乐］。模范派乐曲长处在大组织致密，章法严谨（其中以 Bach 著作为最）词藻丰富，可以为后代之模范，故此派作曲家有模范作曲家之名（Klassiker）；自由派之作曲家（Romantiker）反此，注重用音乐描写感想与外界之现象，惟对于习惯上之法则，往往不甚留意，故两派比较各有长短。至于酬应音乐（原名有客室音乐之意），其意味本甚浅薄，不过专为逍遣应酬之用，故对于音乐有研究者多不爱听之，惟社会一般人士仍甚欢迎（在欧洲音乐发达之国尚且如此），以其乐曲浅白且易动人也。秩序单之（1），（2），（4），（5）号皆模范派音乐，（6），（7），（8）号皆自由派音乐，（3），（9）号皆酬应音乐，兹将各作曲家略传列下：

（一）Johann Sebastian Bach（1685—1750）德国理论作曲大家，所作多寺院乐曲［教堂音乐］，声乐乐曲及风琴乐曲，与 Händel［亨德尔］齐名；有老模范作曲家之称（alte Klassiker.）

（二）Joseph Haydn（1732—1809）奥国作曲家，所作以钢琴大曲（Sonaten）［奏鸣曲］及"创造"（Die Schöpfung）与"四季"（Die Jahres Zeiten）两部祭神乐曲（Oratorium）［清唱剧］最著名。

（三）Wolfgang Amadeus Mozart（1756—1791）亦奥国作曲家，所作以钢琴大曲，音乐会曲（Concert）［协奏曲］，大乐（Sinfonie）［交响乐］歌剧及各种细乐乐曲最著名。

（四）Ludwig van Beethoven（1770—1827）德国人，模范作曲家之最著名者，亦有人称他为乐圣，以其能集大成也。著作甚多，其中以九套大乐（Symphonie）及钢琴大曲，音乐会曲等最为著名，本晚演奏其第五套大乐之第二段。

（五）Franz Schubert（1799—1828）奥国歌曲及钢琴作曲家，所作以歌曲为最著名。

（六）Giacomo Meyerbeer（1791—1864）德国自由派作曲家，所作以歌剧为最著名。

（七）Frédéric François Chopin（1810—1849）十九世纪波兰钢琴作曲大家，所作能别开生面，为前人所无。

（八）Hans Christian Lumbye（1810—1874）丹麦前世纪的著名舞曲作曲家。

（九）Richard Eilenberg 1848 年生于德国 Merseburg［梅泽堡］，所作舞曲，小乐队用乐曲及军乐曲颇多。

［原载《日刊》民国十二年（1923 年）1 月 16 日（星期二）第二、三版］

（3）本校附设音乐传习所第四次演奏会预告

日期：三月十日晚七时半　　地点：马神庙第二院讲堂

票价　红票（限于各校学生用）大洋二角
白票（校外人用座位在楼上）大洋四角以上两种本校教职员适用
黄票（限于本校学生用）大洋一角
售票处　本校第一二三院号房

附"第四次演奏会秩序单"

第一部

作曲者及曲目　　　　　　　　　　　　　　　　**演奏者**
1. Kélèr Béla（1820—1882）
　　［贝拉·凯莱尔，匈牙利作曲家］：
　　Ungarische Konzert – Ouverture
　　匈牙利音乐会引［匈牙利音乐会序曲］　　　本乐队乐师

2. W. Balfe（1808—1870）［迈克尔·威廉·巴尔夫，同上
爱尔兰作曲家］：
Cavatine "Das Herz vom Kummer tief gebeugt"
懊侬曲［谣唱曲《忧伤的心》］

3. Fr. Schubert（1797—1828）］： 同上
Marche militaire No. 3 第三军队进行曲

4. Fr. Neruda（1843）： 李廷贤先生
［弗朗茨·内鲁达，1843—1915，
摩拉维亚大提琴家］
大提琴独奏 Reverie 空想

5. G. Meyerbeer（1791—1844）［卒年应为1864］： 本乐队乐师
Fackeltanz No. 1 第一套燎舞［火炬舞之一］

6. Eduard Strauss 同上
［爱德华·施特劳斯，1835—1916，
小约翰·施特劳斯之弟］：
Bettelstudent Quadrille 乞食学生的方舞
［轻歌剧《乞丐学生》中的方阵舞曲］

7. 休息十分钟

第二部

8. G. Lortzing（1801—1851） 同上
［古斯塔夫·阿尔贝特·洛尔青，
德国作曲家］：
Ouverture "Der Wildschuetz" 歌剧 "盗猎" 之引子
［《偷猎者》序曲］

9. M. Moszkowski（1854）： 同上
［莫里茨·莫什科夫斯基，1854—1925，
波兰–德国钢琴家、作曲家］：
Malaguena 西班牙舞曲［马拉加舞曲］

10. W. Popp［W·波普］：　　　　　　　　　　李廷桢先生
    长笛独奏 Walzer Rondo 回旋舞曲
    ［圆舞曲－回旋曲］
11. Beethoven（1770—1827）：　　　　　　　本乐队乐师
    Trauermarsch 执绋进行曲
    ［葬礼（或哀悼）进行曲］
12. Fr. Chopin（1810—1849）：　　　　　　　嘉祉先生
    钢琴独奏 Polonäse in A major　波兰舞曲　　Mr. Gartz
    ［A 大调波兰（波洛奈兹）舞曲］
13. K. Komzàk［卡尔·科姆扎克，1850—1905，　本乐队乐师
    捷克指挥家，作曲家］：
    2 Volksliedchen 民歌二阕
14. Johann Strauss（1825—1899）［小约翰·施特劳斯］：同上
    An der Wolga（Polka-Mazurka）临窝路戛河
    ［伏尔加河上（波尔卡－马祖卡）］

　　本晚演奏者本校导师之外尚有第一小提琴师那全立，大提琴李廷贤，低音提琴师徐玉秀，小铜角师王广福，法国铜角师连润启五君临时加入。

　　［原载《日刊》民国十二年（1923 年）3 月 8 日（星期四）第三版］

（4）本校附设音乐传习所第五次演奏会预告

　　　　日期：三月二十四日（星期六）晚七时半起
　　　　地点：马神庙第二院大讲堂
票价红票（限于各校学生用）大洋二角
　　白票（校外人用座位在楼上）大洋四角
以上两种本校教职员均适用
黄票（限本校学生用）大洋一角　售票处本校第一二三院号房

演奏会秩序单

第一部

| 作曲者及曲目 | 演奏者 |

1. Auber（法人 1782—1871）   本乐队
   ［丹尼尔·奥柏，法国作曲家］：
   Ouverture "Fra Diavolo"
   歌剧 "Fra Diavolo" 的引子
   ［《魔鬼兄弟》序曲］

2. Händel（德人 1685—1759）［亨德尔］：   同上
   Largo 慢板

3. Fr. Lehár：（匈牙利人 1870）   同上
   ［弗朗茨·莱哈尔，1870—1948，
   匈牙利作曲家］：
   Ungarischer Marsch a d. Operette "Zigenerliebe"
   歌舞剧 "流氓恋爱" 的匈牙利进行曲
   ［轻歌剧《吉卜赛爱情》］

4. B. Godard（法人 1849—1895）：   赵年魁先生
   ［本杰明·戈达尔，法国作曲家、小提琴家］
   小提琴独奏 Pensée èlégiaque 忧思
   ［原拼写看不清］

5. Antonio Tosca［安东尼奥·托斯卡］：   本乐队
   Russische Wachtparade 俄国拱卫军阅操
   ［俄国卫兵仪仗队］

6. 钢琴大小提琴三部合奏：   杨仲子先生等
   a）Gluck（奥人 1714—1787）
   ［克里斯托弗·维·格鲁克］：
   Air d'Orpheus 歌剧 Orpheus 的一阕
   ［《奥尔菲斯》中的咏叹调］

b）Mozart（1756—1791）：
Larghette a. d. Krönungskonzert
加冕音乐会曲的第二段
［《加冕》协奏曲（No. 26，K537）第二乐章小广板］
c）Beethoven（德人 1770—1827）：
Adagio 慢板 Op. 13.
［《悲怆》奏鸣曲 Op. 13 第二乐章］

7. R. Vollstadt ［罗伯特·福尔施塔特］：
筚篥独奏 Sorgenfrei 无忧（管弦乐伴奏）　　　穆金仆先生
［双簧管独奏］

休息十分钟

第二部

8. A. Adam（法人 1803—1856）　　　　　　　本乐队
 ［阿道夫·亚当，法国作曲家］：
 Ouverture "Die Nurnberger Puppe"
 歌剧 "Nurnberg 傀儡" 的引子
 ［《纽伦堡的木偶》序曲］

9. Ch. Beriot（比国人 1802—1870）：　　　　　同上
 ［夏尔－奥古斯特·德贝里奥，
 比利时小提琴家、作曲家］
 Air Varie No. 7 第七套变体曲
 ［第七变奏曲］

10. G. Lemaire（法人 1854）［G·勒梅尔］：　　同上
 Pizzicati 拨复挑［拨奏］

11. M. Moszkowsky（波兰人 1854）［莫什科夫斯基］：同上
 Serenata 夜曲［小夜曲］

12. Ed. Elgar（英人 1857）
 ［爱德华·埃尔加，1857—1934，英国作曲家］：同上
 Salut d'Amour 寄情［爱的致意］

13. 王维：琵琶独奏"郁轮袍"（即霸王卸甲）   刘天华先生
14. Mozart（奥人1756—1791）：   本乐队
Turkischer Marsch 土耳其进行曲

此次演奏本校导师之外尚有第一小提琴师那全立，大提琴师李廷贤，低音提琴师徐玉秀，小铜角师王广福，法国铜角师连润启五君临时加入。

[原载《日刊》民国十二年（1923年）3月22日（星期四）第三版]

（5）本校附设音乐传习所第六次音乐会秩序单
Symphonie Konzert 大乐音乐会

日期：四月五日下午八点起　　地点：马神庙第二院大讲堂

第一部

作曲者及曲目   演奏者

1. Fr. v. Suppé（奥人1820—1895）：   本乐队
Ouverture "Boccaccio"
歌剧"Boccaccio"之引子
［《薄伽丘》序曲］

2. Schaeffer［舍费尔］：   刘天华先生
小铜角独奏 Die Post im Walde
消息在林中（管弦乐伴奏）
［林中邮车］

3. Fr. Schubert（奥人1797—1828）：   本乐队
Die unvollendete Symphonie in b minor
未完成的大乐［b小调未完成交响乐］

4. G. Meyerbeer（德人1791—1861）：   同上
Fackeltanz No. 3　第三套跳舞［火炬舞之三］

休息十分钟

第二部

5. Beethoven（德人 1770—1827）： 同上
Ouverture "Egmont"［《爱格蒙特》序曲］

6. Ed. Grieg（那威人 1843—1907） 同上
［爱德华·格里格］：
Peer Gynt-Suite I 裴尔厅连曲
［《培尔·金特》第一组曲］
  a) Morgenstimmung 晨声［晨景］
  b) Ases Tod 欧氏死［奥塞之死］
  c) Anitras Tanz 阿妮特拉之舞
  d) In der Halle des Bergkoenigs. 在山王殿内［在山神殿内］

7. Weber（1786—1826） Mr. Gartz
［卡尔·玛丽亚·冯·韦伯］：
钢琴独奏 Aufforderung zum Tanz.
请求跳舞［邀舞］

8. J. A. Söderman（瑞典人 1832—1876） 本乐队
［约翰·奥古斯特·瑟德曼，瑞典作曲家］：
Broellopsmarsch. 歌剧"农人嘉礼"之一进行曲
［《乌尔法沙的婚礼》（Bröllopet pä Ulfäsa）
（1865）中的婚礼进行曲］

9. 琵琶独奏：宋玉悲秋 海军操演 殷伯海先生

10. Schubert： 本乐队
Ungarische Melodien 匈牙利曲调
［或作"匈牙利旋律"］

11. Eilenberg（德人 1848）： 同上
Die Schoenen von San Ta Fé
南美洲山他非之美人
［圣菲的美人（圣菲 Santa Fe
在美国，不是南美洲）］

12. Ziehrer（奥人 1843）［齐勒尔］： 同上
Nervoes 牢骚

本晚演奏者本校导师之外尚有琵琶专家殷伯海，第一小提琴师那全立，大提琴师李廷贤，低音提琴师徐玉秀，小铜角师王广福，法国铜角师连润启六君临时加入。

秩序单说明

此次演奏曲目之重要者为 Schubert 的 Symphonie（大乐）与 Grieg 的第一套 Suite（连曲）Peer Gynt，兹分别说明如下：

（一）"Symphonie" 即希腊语之 "Symphonia"、意语之 "Sinfonia"，字面上原有 "和谐" 之意，后转用以名复音的器乐乐曲。自十七世纪以来 Symphonie 逐渐发达，Haydn（1732—1809）作了一百〇四套，W. A. Mozart（1756—1791 均奥国模范作曲家）作了四十一套，然不过粗具形式而已；至 Beethoven（德人 1770—1827）作的（共九套）出现之后，此种乐曲始告大成，其后作 Symphonie 者颇不乏人，然至今尚无出其右者。此种乐曲分四大段，首段快板，次段慢板，第三段或为轻板，或为快板，末段多用急板，盖乐曲之最大者，故译为 "大乐"。本晚演奏者乃 Schubert 作的小 B 调大乐，原曲只有二大段（作者未及完篇而死），故又名未完成的大乐。顾此曲极有名，虽未完成，其内容实不让 Beethoven 所作也。

（二）Ibsen 伊布仙［易卜生］（1828—1906）作的剧诗 dramatic Poem 诗剧《Peer Gynt》《斐尔斤》［《培尔·金特》］乃那威［挪威］诗家最著名作品中之一。斐尔斤（原为那威某故事中之伟人名）乃假定为一种幻想过度之人。本剧诗之斐尔斤乃一农人子，其父母初甚富裕，其后耗尽家资，只余母子二人，贫乏几不能自活。斐尔斤终日幻想，每思得一计，必以告其母，其母虽屡为所愚，然每次必信其计之能行也。裴之性质向来大胆自负，一日某处举行婚礼，竟夺其新妇，负之入山，置于山中，不顾而去，终夜与榨乳女等徘徊于山间，卒行抵一山王国，见国王之女而爱之。国王逐之出境。然裴不得已，仍返故里，及至家，其母 Aase 欧氏已垂死。然裴之天性尚未改变也。自是以后乃改业航海，不数年竟成一富商，行抵摩洛哥，在沙漠中遇 Beduin 卑杜陰［贝都因］酋长之女 Anitra 阿妮特拉而又恋之，然彼此皆知不能为夫妇。裴尔斤且常梦见其少时所爱之女子 Solvejg 娑路歪［索尔维格］，其人在本国日盼裴之归来。后裴返回时，年已不少，然尚能与娑路歪相见而完成其终身之爱。Grieg 古力［格里格］用两套连曲［组曲］描写此段故事，博得世界的大喝采，本晚演奏其第一套。此曲分为四大段，本为演此故事之用，均以管弦乐奏之，故又名管弦乐连曲 Orchester-Suite。其第一段曰《晨声》，乃牧歌性质，第二段"欧氏死"为全诗中最能感动人之一段，描写裴母欧氏死时，彼尚不知之，坐于其床侧，一味幻想而已；第三段为"阿妮特拉之舞"，描写裴在摩洛哥时遇阿之情景；第四段"在山王之殿内"描写山鬼把夜游下界之裴尔斤逐出情景。

［原载《日刊》民国十二年（1923年）4月5日（星期四）第三版］

（6）北大附设音乐传习所第七次音乐会秩序单

日期：四月二十一［日］晚八时　　地点：第二院大讲堂

第一部

作曲者及曲目	演奏者
1. Rossini（意人 1792—1863）［罗西尼］： Ouverture "La gazza ladra" 歌剧"如盗的鹊"的引子［《贼鹊》序曲］	本乐队
2. 钢琴及大、小、低音提琴合奏夜歌二阕 　a) W. Rossbach［W·罗斯巴赫］： 　　Serenata de Lucia［露西亚的小夜曲］，	杨仲子先生等

b）E. Toselli［恩里科·托塞利，1883—1926，意大利钢琴家、作曲家］：
　　　Celebre Serenata［著名的《小夜曲》］.

3. W. Popp［W. 波普］：　　　　　　　李廷桢先生及乐队
   Le Rossignol 黄莺［夜莺］
   （长笛独奏，管弦乐伴奏）

4. G. Meyerbeer（德人 1791—1864）：　　本乐队
   Schattentanz a. d. Oper "Dinorah"
   歌剧"迪娜拉"中之阴影舞
   ［《迪诺拉》之《影子舞》］

5. Balfe（1808—1870）：　　　　　　　穆志清先生
   翳栗独奏 Satanella［小恶魔］

6. F. Poliakin［F. 波利亚金］：　　　　赵年魁先生及乐队
   小提琴独奏 Le Canari 黄鸟［金丝雀］
   （管弦乐伴奏）

第二部

7. L. Herold（法人 1791—1833）　　　　本乐队
   ［路易·埃罗尔，法国作曲家］：
   Ouverture "Zampa". 歌剧"三怕"的引子
   ［《泽姆帕或大理石新娘》序曲］

8. 独歌二阕　　　　　　　　　　　　　丁克琴夫人
   　a）C. W. Cadman（美人，1881）：　　Mrs. Tinkham
   　　［查尔斯·韦克菲尔德·卡德曼，
   　　1881—1946，美国作曲家］
   　　Memories "记忆"
   　b）Gertrude Ross［格特鲁德·罗斯］：
   　　The Open Road "大道"

9. Depret［德普雷］：　　　　　　　　本乐队
   Sourire d'Avril 四月笑（回旋舞曲）
   ［四月的微笑，圆舞曲］

10. H. Wieniawski（俄人 1835—1880）　　　　赵年魁先生
   ［亨雷克·维尼亚夫斯基，
   波兰小提琴家、作曲家］：
   小提琴独奏 Obertasse 杯

11. E. Waldteufel（德人 1837—1915）　　　　本乐队
   ［埃米尔·瓦尔特费尔，
   法国作曲家、钢琴家］：
   Nuée d'Oiseaux 雁群

　　本晚演奏者本校导师之外尚有美国独唱家丁克琴夫人，第一小提琴师全书荫，那全立，第二小提琴师孟范泰，大提琴师李廷贤，低音提琴师徐玉秀，第二觱栗师王广福，法国铜角师连润启，低音细管喇叭师潘振宗九君临时加入。

　　［原载《日刊》民国十二年（1923年）4月20日（星期五）第三版］

（7）本校附设音乐传习所第八次音乐会秩序单

日期：十二年五月五日晚八点起　　地点：景山东街第二院大讲堂

SYMPHONIE　KONZERT　大乐音乐会

第一部

作曲者及曲目　　　　　　　　　　　　　　　　　**演奏者**

1. L. van Beethoven（1770—1827）：　　　　本乐队
   Ⅵ Symphonie（Pastorale）
   第六套大乐（牧歌大乐）
   ［第六交响乐《田园》］
   （a）Erwachen heiterer Empfindungen bei der Ankuft auf den Lande.
   　　抵乡时快感之兴起［来到乡间后愉悦心情的复苏］
   （b）Scene am Bach. 溪边景象

（c）Lustiges Zusammensein der Landleute. 乡人欢聚

（d）Gewitter, Sturm. 大雷［雷雨］·景风［风暴］

（e）Hirtengesang.（牧歌）
Frohe and dankbare Gefuehle nach dem Sturm.
暴风雨后愉快而感谢的感想［暴风雨过后，欢乐和感恩的心情］

休息十分钟

第二部

1. Kèlér Bela（1820—1882）： 本乐队
Jubilaeumsfeier（Fest Ouverture）纪念会引
［纪念会序曲］
3. 小提琴独奏（曲目未定） 全书荫先生
4. R. Wagner（1813—1883）［瓦格纳］： 本乐队
Le Murmure dela forêt de "Siegfried"
歌剧 "Siegfried"
［《齐格弗里德》之"森林之声"］
5. 琵琶独奏：汉宫秋月 刘天华先生
6. A. Seifert［A. 赛费特］： 本乐队
Lieder Marsch 叙情进行曲［爱的进行曲］

本乐队乐师姓名
（有△号者为临时加入演奏员）

钢琴嘉祉	第二小提琴甘文廉	第二大提琴傅松林	第二黧栗土广福△
第一小提琴赵年魁	第一小提琴孟范泰△	低音提琴徐玉秀△	小铜角刘天华
同上那全立△	中音提琴乔吉福	长笛李廷桢	法国铜角连润启
同上全书荫△	第一大提琴李廷贤△	第一黧栗穆志清	低音细管喇叭潘振宗△
指挥萧友梅			

秩序单说明书

乐曲之种类甚多，若从音乐性质上区别之，可分为两大类：

（一）绝对的音乐（Absolute Musik）［纯音乐］借音乐符号发表人类的内部生活，其乐曲无一定之题，故演奏者与听者可各有一种之解释；

（二）说明的音乐（Program musik）［标题音乐］与前者正相反，有一定的题目，用音乐描写出来，无论何人须依其题目所标示而解释，故此两种音乐亦可以"主观的"，"客观的"名之。

十八世纪以前西洋乐曲多属主观的，其间虽有作客观的音乐者（如法之 Couperin［弗朗索瓦·库普兰］1668—1733，Rameau［拉莫］1683—1764，德之 Pachelbel［帕赫贝尔］1653—1706，Kuhnau［库瑙］1660—1722）然不多见，自乐圣贝吐芬 Beethoven 的第六套大乐出现之后，努力作说明的音乐者日见增加，至前世纪末二十世纪初达于极点，如法之 Berlioz［柏辽兹］（1803—1869），匈之 Liszt（1811—1886），德之 Wagner（1813—1883）及 R. Strauss（1884）［里夏德·施特劳斯，1884—1949］皆此类作曲之代表者。

贝氏的第六套大乐描写乡间风景，分五大段：第一段写抵乡时快感之发生；第二段溪边景象，描写溪景，水流声，而以黄莺及布谷鸣声完结之；第三段快板，描写村人欢聚舞蹈景象；第四段以低音提琴及大提琴描写雷声及风声；第五段为牧歌体，描写风息雨止之后一种愉快而感谢的感想。末三段接连演奏，全曲需五十余分钟方可演完，为模范曲中最佳作品之一。以模范作曲家之贝吐芬而作说明的音乐，可称为双美者也。

第四号之《森林之声》为 Wagner 作的音乐剧《Der Ring der Nibelungen》［系列歌剧《尼伯龙根的指环》］第二日［演出］的《Siegfried》中的第二幕，描写风声，泉声及各种大小鸟之声，乃新自由派所作最著名说明的音乐作品之一，与贝氏的牧歌大乐相伯仲者也。

［原载《日刊》民国十二年（1923年）5月5日（星期六）第三版］

(8) 北大附设音乐传习所第九次音乐会

日期：五月十九日晚八时　　地点：景山东街第二院大讲堂

第一部

| 作曲者及曲目 | 演奏者 |

作曲者及曲目　　　　　　　　　　　　　　　　**演奏者**

1. Fr. v. Suppé（奥人 1820—1895）：　　　　　本乐队
   Ouverture "Leichte Kavallerie"
   歌舞剧"轻骑"的引子
   ［轻歌剧《轻骑兵》序曲］

2. O. Hackh［O. 哈克］：　　　　　　　　　　　同上
   Souvenir d'Espagne, No. 2.
   Aubade Espagnole.
   西班牙纪念曲之一
   ［《西班牙的回忆》之二"西班牙之曙光"］

3. E. Gillet［E. 吉莱］：　　　　　　　　　　　赵年魁先生
   小提琴独奏 Serénade de Pierrot 滑稽家的夜歌
   ［彼埃罗（白衣小丑）的小夜曲］

4. G. Meyerbeer（1791—1864）：　　　　　　　本乐队
   Gnaden Air a. d. Oper "Robert der Teufel"
   歌剧"魔鬼罗别特"［《恶魔罗勃》］中之赦歌

5. J. Ivanovici：　　　　　　　　　　　　　　　同上
   ［J. 伊凡诺维奇，圆舞曲
   《多瑙河之波》的作曲者］
   Roses de l'Orient 东方玫瑰

第二部

6. Kèlér Béla（匈人 1820—1882）：　　　　　　同上
   Franzoesische Lustspiel Ouverture
   法国喜剧的引子

7. A. Calvini［A. 卡尔维尼］：	同上
On Commence（Polonaise）开始（波兰舞曲）	
8. 秦汉子（隋朝）：	刘天华先生
琵琶独奏"十面埋伏"	
9. M. Moszkowski（1854）：	本乐队
Valse d'amour 爱舞	
［爱的圆舞曲］	
10. R. Eilenberg（1848）：	同上
La chass au bonheur. 猎福［追逐幸福］	

　　本晚演奏者本校导师之外尚有第一小提琴师全书荫，那全立，第二小提琴师孟范泰，大提琴师李廷贤，低音提琴师徐玉秀，第二臂栗师王广福，法国铜角师连润启，低音细管喇叭师潘振宗，八君临时加入。

　　［原载《日刊》民国十二年（1923年）5月17日（星期四）第三版］

（9） 北大附设音乐传习所第十次音乐会

Symphony – Concert

日期：六月二日（星期六）晚八时　地点：景山东街第二院大讲堂

第一部

作曲者及曲目	演奏者
1. Mendelssohn（1809—1847）：	本乐队
A Midsummer Night's Dream：夏夜梦	
［《仲夏夜之梦》（戏剧配乐）］	
a）Overture，引子［序曲，Op. 21（1826）］	
b）Scherzo，嬉戏的快板曲［谐谑曲］	
c）Intermezzo，插曲［间奏曲］	

d) Nocturno，夜曲

e) Wedding March，嘉礼进行曲［婚礼进行曲］

f) A Dance of Clowns，村人舞

g) Finale. 末段［终曲］

休息十分钟

第二部

2. K. M. Weber（1786—1826）： 本乐队
Ouverture "Der Freischuetz"
歌剧"自由射手"的引子
［《自由射手》（或《魔弹射手》）序曲］

3. 琵琶独奏四曲： 刘天华先生
（a）思春，（b）昭君怨，
（c）泣颜回，（d）傍妆台

4. A. Glazounow（1865） 本乐队
［亚历山大·格拉祖诺夫，1865—1936，
俄国作曲家］：
Serenade 夜歌

5. A. Francis［A. 弗朗西斯］： 同上
Liberty for all（March）众生自由（进行曲）

本乐队乐师姓名

钢琴嘉社	小提琴甘文廉	大提琴傅松林	觱栗王广福△
小提琴赵年魁	小提琴孟范泰△	低音提琴徐玉秀△	小铜角刘天华
同上那全立△	中音提琴乔吉福	长笛李廷桢	法国铜角连润启△
同上全书荫△	大提琴李廷贤△	觱栗穆志清	低音细管喇叭潘振宗△
指挥萧友梅			

有△号者为临时加入演奏员

秩序单之说明

本晚演奏《夏夜梦》之音乐，为德人棉爹尔士孙 Mendelssohn（1809—1847）所作，欲知其音乐之性质，须先将此套滑稽剧《夏夜梦》之大意略为说明于下：

此剧英文原名应译为《仲夏夜梦》为莎士比亚 Shakespear 的名作（1590），所演乃一种幻想的故事，而以梦境描写之。其事假定仙界之王与其后不和，因而分居，但两人均在希腊雅典附近之仙林，在此仙林中有二男二女互相恋爱——黑莲娜 Helena ［海伦娜］恋狄米特律师 Demetrius ［迪米特里厄斯］，狄米特律师恋黑迷亚 Hermia ［赫米亚］，黑迷亚恋利三德 Lysander ［莱桑德］，利三德恋黑莲娜——但均不能适其愿。仙界之王欧伯龙 Oberon ［奥伯龙］闻而怜之，乃命其侍人柏克 Puck 施用一种魔药令此四人各遂其所愿。

是时雅典之公爵地休士 Theseus ［忒修斯］将举行婚礼，有一工人团体组织游艺会，预备于公爵举行婚礼之日演出祝贺，彼等在此森林内练习时为柏克所驱逐。欧伯龙知此工人团体中有一人甚诚实，乃利用之，令其对其后提檀尼亚 Titania ［泰坦尼亚］演一恶［作］剧，授［柏克］以丁香花液，令滴入其后之眼中，同时［将］该工人之头变作一驴首，而提檀尼亚因受了魔液之力，反尊此驴首之工人为爱神。其后欧伯龙以百合之棒解除一切魔术及纷扰。雅典公爵举行婚礼时，工人团体依照计划演做彼等的奇剧，黑莲娜嫁狄米特律师，黑迷亚与利三德结婚，欧伯龙自己亦与其后言归与好。

棉氏作此套音乐之引子时，年仅十七岁。起首用笙簧、长笛等乐器奏奇妙的和声，令人闻之，心神若在仙林之内，且见妖精仙女在月光之下嬉戏者然。第二段为月光与花香组织成的快板曲，第三段之插曲以极热之感情奏之，继以极恬静而有浓厚丁香花气之夜曲，［即］第四段，第五段为极雄壮华丽之嘉礼进行曲，第六段为村人之滑稽舞曲，至末段再用曲首之和声以回应全曲。

［原载《日刊》民国十二年（1923年）5月31日（星期四）第三版］

（10） 北大附设音乐传习所第十一次音乐会秩序单

SYMPHONY – CONCERT

日期：十月七日晚八时　　地点：景山东街第二院大讲堂

第一部

作曲者及曲目　　　　　　　　　　　　　　　演奏者

1. Kèlér Bela（匈牙利人 1820—1882）：　　　本乐队
   Ouverture romantique Op. 75. 传奇的引子
   ［浪漫的序曲］

2. Ed. Grieg（那威人 1843—1907）：　　　　　同上
   Peer Gynt-Suite 裴尔斤连曲第一套
   ［《培尔·金特》第一组曲］
   a）Morgenstimmung，晨声
   b）Ases Tod，欧氏死
   c）Anitras Tanz，阿妮特拉之舞
   d）In der Halle des Bergkoenigs 在山王殿内

3. Beethoven（德人 1770—1827）：　　　　　　同上
   Trauermarsch Op. 29 哀悼进行曲

4. J. Strauss（奥人 1825—1899）：　　　　　　同上
   Zigeunerbaron（Quadrille）　流氓男爵方舞
   ［轻歌剧《吉卜赛男爵》的方阵舞曲］

休息十分钟

第二部

5. Mendelssohn（德人 1809—1847）：　　　　同上
   A Midsummer Night's Dream 夏夜梦
   a）Overture 引子
   b）Nocturno 夜曲

6. MacDowell（美人 1861—1908）   嘉祉先生
   ［爱德华·麦克道尔，美国作曲家、钢琴家］： Mr. Gartz
   钢琴独奏 Witch Dance 巫舞［女巫之舞］
7. Gastaldon［加斯塔尔顿］：   本乐队
   Verbotener Gesang 禁乐
8. P. Siegfried［P·齐格弗里德］：   同上
   Unter Palmen（Boston Valse）
   椰子树下（波士顿旋转舞）
   ［波士顿圆舞曲］

本乐队乐师姓名

钢琴嘉祉	小提琴甘文廉	大提琴傅松林	小铜角王广福
小提琴赵年魁	小提琴孟范泰△	低音提琴徐玉秀△	小提琴那全立△
中音提琴乔吉福	长笛李廷桢	法国铜角连润启	小提琴全书荫△
大提琴李廷贤△	薼栗穆志清	低音细管喇叭潘振宗△	
指挥萧友梅			

有△号者临时加入为演奏员［此处乐师未按声部排列］

秩序单之说明

  此次演奏曲目之重要者为 Grieg［格里格］的第一套 Suite（连曲）［组曲］Peer Gynt［《培尔·金特》］，兹说明如下：

  Ibsen 伊布仙［易卜生］（1828—1906）作的剧诗［诗剧］dramatic Poem《Peer Gynt》斐尔斤乃那威［挪威］诗家最著名作品中之一。裴尔斤（原为那威某故事中之伟人名）乃假定为一种幻想过度之人。本剧诗之裴尔斤乃一农人子，其父母初甚富裕，其后耗尽家资，只余母子二人，贫乏几不能自活。裴尔斤终日幻想，每思得一计，必以告其母，其母虽屡为所愚，然每次必信其计之能行也。裴之性质向来大胆自负，一日某处举行婚礼，竟夺其新妇，负之入山，置于山中，不顾而去，终夜与榨乳女等徘徊于山间，卒行抵一山王国，见国王之女而爱之。国王逐之出境。裴不得已返故里，及至家,其母 Ose 欧氏已垂死。然裴之天性尚未改变也。自是以后乃改业航海,不数年竟成一富商,行抵摩洛哥,在沙漠中遇 Beduin 卑杜陰〔贝都因〕酋长之女 Anitra 阿妮特拉而又恋之,然彼此皆知不能为夫妇。裴尔斤且常梦见其少时所爱之女子 Solvejg 娑路歪〔索尔维格〕,其人在本国日盼裴之归来。后裴返回时,年已不少,然尚能与娑路歪相见而完成其终身之爱。

Grieg 古力〔格里格〕用两套连曲描写此段故事,博得世界的大喝采,本晚演奏其第一套。此曲分为四大段,本为演此故事之用,均以管弦乐奏之,故又名管弦乐连曲 Orchester-Suite〔管弦乐组曲〕,其第一段曰《晨声》,乃牧歌性质,第二段《欧氏死》为全诗中最能感动人之一段,描写裴母欧氏死时,彼尚不知之,坐于其床侧,一味幻想而已;第三段为《阿妮特拉之舞》,描写裴在摩洛哥时遇阿之情景;第四段《在山王之殿内》描写山鬼把夜游下界之裴尔斤逐出情景。

第二部之《夏夜梦》为 Mendelssohn 的杰作,原曲甚长,本晚只演奏其引子及夜曲二段而已。

第六号为美国最著名作曲家之作品。

〔原载《日刊》民国十二年(1923年)10月6日(星期六)第三版〕

(11) 北大附设音乐传习所第十二次音乐会秩序单

SYMPHONY CONCERT

日期:十月二十一日晚八时　　地点:景山东街第二院大讲堂

第一部

作曲者及曲目　　　　　　　　　　　　　　　　**演奏者**

1. J. Strauss(奥人 1825—1899):　　　　　　　本乐队
   Ouverture zur Operette "Carneval in Rom"
   歌舞剧"罗马快乐节"的引子
   〔轻歌剧《罗马狂欢节》序曲〕

2. Ed. Grieg（那威人 1843—1907）： 同上
   Peer Gynt-Suite Ⅱ 裴尔斤连曲第二套
   ［《培尔·金特》第二组曲］
   a) Der Brautraub 夺新妇，［诱拐新娘和英格丽特的哀歌］
   b) Arabischer Tanz 亚剌伯舞，［阿拉伯舞］
   c) Peer Gynts Heimkehr 裴尔斤回国，［培尔·金特还乡］
      (Stuermischer Abend an der Kueste 大风雨之夕抵岸）
   d) Solvejgs Lied 娑路歪之歌，［索尔维格之歌］
3. Josef Haydn（奥人 1732—1809）： 同上
   Die Himmel erzaehlen die Ehre Gottes 天述神之名誉
   (Chorus from the Oratorio "Die Schoepfung").
   （祭神乐"创造"内之合唱曲）

休息十分钟

第二部

4. Mendelssohn（德人 1809—1848）： 同上
   Konzert Ouverture No. 3
   "Meeresstille and gluechliche Fahrt"
   第三音乐会引子"静海安航"。
   ［音乐会序曲《平静的海洋与幸福的航行》］
5. J. Gungl（匈牙利人 1810—1880）： 同上
   ［约瑟夫·贡格尔，匈牙利作曲家、军乐队指挥］
   Les cloches du soir (Valse) 暮钟（旋转舞）
6. Rob. Vollstadt 穆志清先生
   觱栗独奏 Sorgenfrei (Polka brillante) 管弦乐伴奏
   无忧（快活舞曲）［活泼的波尔卡］
7. L. van Beethoven（德人 1770—1827）： 本乐队
   Andante from the V. Symphony
   第五套大乐第二段
   ［第五交响乐第二乐章行板］

8. J. Ivanovici（俄人）： 同上
Kaiserreise-Marsch　巡狩进行曲

秩序单之说明

　　剧诗《裴尔斤》之说明已见前次（第十一次）音乐会秩序单（参看本月六日日刊）兹不再赘。古力 Grieg 用两套连曲描写此段故事，前次已演奏其第一套，本晚演奏其第二套。此曲亦分四章：第一章曰《夺新妇》，描写裴氏之放荡不羁及被辱者之诉苦情形；第二章为《亚剌伯舞》，描写亚剌伯女子欢迎裴氏情景；第三章为《裴尔斤返国》描写将抵岸时适遇大风雨情形；第四章为《娑路歪之歌》，描写裴氏返国时再遇娑路歪，喜出望外，娑路歪乃唱歌安慰之。

　　第七号之大乐第二段亦极著名之曲。大乐 Symphonia（希腊语）一语字面原有"和谐"之意，其后转用以名复音的管弦乐乐曲。自十七世纪以来 Symphonia 逐渐发达，Haydn（1732—1809）作了一百零四套，W. A. Mozart（1756—1791）作了 41 套，然不过粗具形式而已，至 Beethoven 作的（共九套）出现之后，此种乐曲始告大成，其后作大乐者颇不乏人，然至今尚无出其右者。此种乐曲分四大段，首段快板，次段慢板，第三段或为轻板，或为快板，末段多用急板，盖乐曲中之最大者，故译为大乐。演奏全套大乐常费时至一句钟［一小时］之久，故本晚只选演 Beethoven 所作最著名的第五套大乐之第二段。

　　［原载《日刊》民国十二年（1923 年）10 月 20 日（星期六）第三版］

（12） 北大附设音乐传习所第十三次音乐会秩序单

SYMPHONY CONCERT

日期：十一月四日晚八时　　地点：景山东街第二院大讲堂

第一部

| 作曲者及曲目 | 演奏者 |

1. W. A. Mozart（奥人 1756—1791）：　　　　　　　本乐队
   Ouverture "Don Juan" 歌剧 "段元" 的引子
2. Fr. Schubert（奥人 1797—1828）：　　　　　　　同上
   Die unvollendete Symphonie 未完成大乐
3. A. Calvini：　　　　　　　　　　　　　　　　　同上
   Les Lanciers dela Couronne（Quadrille）
   枪骑兵方舞
4. Ivanovici（俄人）：　　　　　　　　　　　　　　同上
   La Reine du bal 跳舞会女后

休息十分钟

第二部

5. Adam（法人 1803—1856）：　　　　　　　　　　同上
   Ouverture "La Poupee de Nuremberg"
   歌剧 "纽伦陌傀儡" 的引子
6. W. A. Mozart：　　　　　　　　　　　　　　　　本所导师
   管弦乐四部曲 Quartett No. 29
   ［第 29 首弦乐四重奏］
7. J. Sibelius（芬兰人 1865）　　　　　　　　　　　本乐队
   ［西贝柳斯，1865—1957］：
   Valse triste 悲舞
   ［悲伤圆舞曲，Op. 44（1903）］

8. 琵琶独奏：文板四曲（a）飞花点翠，　　　　刘天华先生
   （b）美人思月，（c）梅花点脂，（d）月儿高。

9. Fr. Schubert：　　　　　　　　　　　　　　　本乐队
   Marche militaire No. 3. 第三军队进行曲

[原载《日刊》民国十二年（1923年）11月3日（星期六）第三版]

（13） 北大附设音乐传习所第十四次音乐会秩序单

SYMPHONY CONCERT 大乐音乐会

日期：十二年十一月十八日下午三时

地点：景山东街第二院大讲堂

第一部

作曲者及曲目　　　　　　　　　　　　　　　**演奏者**

1. Beethoven（德人 1770—1827）　　　　　　　乐队全体

   Ⅱ. Symphony 第二套大乐［第二交响乐］

   a）Adagio molto，Allegro conbrio；甚柔板，有元气的快板

   b）Larghetto；小慢板

   c）Scherzo（Allegro）；嬉戏曲（快板）

   d）Finalo（Allegro molto）。末乐章（甚快板）

休息十分钟

第二部

2. Kèlér Béla（匈牙利人 1820—1882）：　　　　同上
   Ungarische Konzert Ouverture
   匈牙利音乐会引子

3. H. C. Lumbye（丹麦人 1810—1874）：　　　　赵年魁先生及乐队
   小提琴独奏（管弦乐伴奏）
   Traumbilder Fantasie，梦幻

4. M. Moszkowski（波兰人 1854）：　　　　　　乐队全体
   Lieberswalzer. 爱舞［爱的圆舞曲］

5. P. Tschaikowsky（俄人 1840—1893）： 同上
Troika Fahrt. 三马驾车出游
[《四季》中的十一月《雪橇》]
6. Ed. Strauss： 同上
Flocon de Neige（Polka française）雪花
（法国式快板舞曲）[法国波尔卡]

秩序单之说明

德国模范作曲家贝吐芬 Beethoven 亦有人称为乐圣，以其能集大成也。贝氏著作甚多，其中最著名而最大者为九套大乐。第十二次音乐会所演奏者不过其第五套大乐之第二章，本日特演奏其第二套大乐全套。此套大乐乃贝氏 1802 年所作，赠与 Lichnowsky [利奇诺夫斯基] 公爵者。

至于贝氏所作大乐之说明，诚如 Arthur Elson [阿瑟·埃尔森，1873—1940，美国音乐学家] 之言"虽罄字典内之形容字不足以描写之"。此种伟大著作之说明，非看专书不可，此处不过略述此套大乐各章之大概而已：

首章分两大段，首段为慢板极华美总冒，次段转到快板，其中分三个主题，首题有活泼性质，次题略同首题，唯带武勇性质，第三题转到小调结束之。

次章之性质如"歌"，其主题贝氏曾用以作歌。

第三章有小步舞曲（Minuet）之形式，唯所用之快较快于小步舞曲。贝氏特用 Scherzo [谐谑曲] 之名代之。末段快板，性质活泼，收时用雄壮广大之和声。

第三号为丹麦著名的舞曲作曲家。本日演奏之《梦幻》亦是由各种舞曲组成者。第五号为俄国的名作，《三马驾车出游》乃蔡氏（Tschaikowsky）所作四季曲（The Seasons）集内之一曲。

第二第四两号均为匈牙利，波兰两国的名作。

[原载《日刊》民国十二年（1923 年）11 月 17 日（星期六）第三版]

（14）北大附设音乐传习所第一次学生演奏会
（传习所成立一周年纪念）
秩序单

日期：十二年十二月十二日晚七时半
地点：北河沿本校第三院大礼堂

开会词

曲目	演奏者	作曲者
1. 合歌"祝音乐教育中兴"（二部）	歌队全体	萧友梅
2. 钢琴独奏： 2 Valses 旋转舞二曲	a）师范科杨没累女士（杨先生组） b）选科 汤树人女士（杨先生组）	Bayer［拜耳］
3. 同上： Frühlicher Landmann 快乐的农夫	师范科余子慧女士（杨先生组）	Schumann［舒曼］（德人 1910—1856）
4. 琵琶胡琴合奏： "满江红"	吴伯超，储振华，孙耀祖，王骋，吴益泰，张培，张瑜七人	
5. 钢琴联弹： Rondo 轮旋曲［回旋曲］	选科张星云女士 师范科吴立卿女士（杨先生组）	Diabelli［安东尼奥·迪亚贝科，奥地利］（意人 1781—1858）
6. 小提琴独奏： Berceuse de Jocelyn 摇床歌［摇篮曲］	选科周学昌君（赵先生组）	B. Godard（法人 1849—1895）

7. 合歌（a）"晨歌"， 　　　　　　歌队全体　　　　　　萧友梅
　　（b）"种菊"（二部）
8. 钢琴独奏：
　　Elsas Brautzug zum Muenster　　选科欧阳爱女士　　Richard Wagner
　　入庙举行嘉礼时的进行曲　　　　（嘉先生组）　　（德人1813—1883）
　　（见歌剧"Lohengrin"）
　　［《罗恩格林》的婚礼进行曲］
9. 同上：
　　Chaconne　　选科佟席珍君　　Durand（法人1830—1909）
　　［奥古斯特·迪朗，法国音乐评论家、作曲家、出版商］
　　法国古舞曲　　　　（嘉先生组）
　　［夏空舞曲］
10. 琵琶独奏：
　　"汉宫秋月"四曲　　师范科吴伯超君　　见"瀛洲古调"
休息五分钟

11. 钢琴独奏：　　　　　　　　　　　　　　　　　Mendelssohn
　　Venetian Gondellied　　师范科储振华君　　（德人1809—1847）
　　温涅池的櫂歌　　　　（嘉先生组）
　　［威尼斯船歌］
12. 钢琴独奏：　　　　　　选科刘怡顺女士　　J. Offenbach
　　Barcarolle aus "Hoffmanns　　（嘉先生组）　　（德人1819—1880）
　　Erzaehlungen"　　　　　　　　　　　　　　　［奥芬巴赫］
　　歌剧"何夫门的故事"中之一阕
　　［《霍夫曼的故事》中的船歌］
13. 合歌：
　　a）"归鸦"， 　　　　　　歌队全体　　　　　　萧友梅
　　b）"雪后"（二部）
14. 钢琴独奏：
　　Troika Fahrt　　　　选科萧妙珍女士　　Tschaikowsky
　　三马驾雪橇出游［雪橇］　（嘉先生组）　　（俄人1840—1893）

15. 琵琶独奏：
    a）月儿高，b）小银枪，　　　储振华君　　　见"瀛洲古调"
    c）晴蜓点水，d）寒雀争梅，
    e）狮子滚绣球，f）凤凰展翅。

16. 钢琴独奏：
    Chanson Russe　　　吴伯超君　　　　　　Sidney Smith
    俄人之歌　　　　　（嘉先生组）　　　　（英人1839－1889）
    　　　　　　　　　　　　　　　　　　　［西德尼·史密斯］

17. 钢琴独奏：
    Albumblatt für Elise　师范科吴立卿女士　　L. v. Beethoven
    赠爱理氏曲　　　　　（杨先生组）　　　（德人1770—1827）
    ［献给爱丽丝］

18. 琵琶胡琴合奏：
    "花花六板"　　储振华，吴伯超，吴益泰，王骋四人

19. 钢琴联弹：
    Spanish Dance A moll　　刘怡顺，欧阳爱女士　　Moszkowski
    西班牙舞曲［a 小调］　　　（嘉先生组）（波兰人1854）

20. 合歌：
    （a）"晚歌"（二部）　歌队全体　　　　（a）萧友梅
    （b）"尽力中华"　　　　　　　　　　（b）採佛经调

本校附设音乐传习所启事

启者：本月十二日（星期三）为本所成立一周年纪念日。兹定于是晚七时三十分起在第三院大礼堂开第一次学生演奏会，以资纪念，并聊表学生成绩。届时务希教职员诸先生驾临指教。所有入场券随本月十二日日刊分送（如未收到者请向送日刊人索取可也）。

［原载《日刊》民国十二年（1923年）12月11日（星期二）第四版］

（15） 北大附设音乐传习所第十五次音乐会秩序单

日期：十二年十二月十七日下午三时

地点：北河沿本校第三院大礼堂

第一部

作曲者及曲目	演奏者
1. Kèlér Bèla：纪念会引子	乐队全体
2. Beethoven：	同上

第二套大乐 Ⅱ. Symphony

（a）甚柔板，有元气的快板；

（b）小慢板；

（c）嬉戏曲（甚快板）；

（d）末章（甚快板）；

第二部

3. Fr. v. Suppè：凯旋引子	同上
4. B. Godard：小提琴独奏：忧思	赵年魁先生
	杨仲子先生伴奏
5. M. Moszkowski：Malaguena. 西班牙舞	乐队全体
6. C. Lemaire：拨复挑	同上
7. 萧友梅：新霓裳羽衣舞	同上
8. Mozart：土耳其式进行曲	同上

秩序单之说明

此次演奏的乐曲约分四种：（一）引子，凡音乐会或歌剧未开幕前常演奏者（1、3两号）；（二）大乐 Symphony，为乐曲中之最大者；（三）舞曲，5、7两号皆是，但两曲性质不同；（四）进行曲，此次只演奏两拍子快板者（第八号）；4、6两号皆法人极轻细的作品。

德国模范作曲家贝吐芬 Beethoven 亦有人称为乐圣，以其能集大成也。贝氏著作甚多，其中最著名而最大者为九套大乐。第十二次音乐会所演奏者不过其第五套大乐之第二程［乐章］，本日特演奏其第二套大乐全套。此套大乐乃贝氏 1802 年所作，赠送与 Lichnowsky 公爵者。

至于贝氏所作大乐之说明，诚如 Arthur Elson 之言"虽罄字典内之形容字不足以描写之"。此种伟大著作之说明，非看专书不可，此处不过略述此套大乐各章之大概而已：首章分两大段，首段为慢板极华美的总冒，次段转处［原文如此，"处"应是"为"］快板，其中分三个主题，首题有活泼性质，次题略同首题，惟带武勇性质，第三题转到小调结束之。

次章之性质如"歌"其主题贝氏曾用以作歌。

第三章有小步舞曲（Minuet）之形式，惟所用之板较快于小步舞曲。贝氏特用 Scherzo 之名代之。

末章快板，性质活泼，收时用雄壮广大之和声。

至于霓裳羽衣舞一曲本为唐代之名作，然而失传久矣，惟其曲之组织大体尚可从白居易之霓裳羽衣舞歌中忖度得一二。歌内有言"散序六奏未动衣"足见此曲之有序（Introduction），又云"中序擘初入拍，秋竹竿裂春冰坼；飘然旋转回雪轻，嫣然纵送游龙惊"，足见散序奏完始入舞拍，且其舞为旋转舞（Valse）矣；又云"繁音急节十二遍，……唳鹤曲终长引声"，足见此曲散序之后，有十二段，且其尾声为慢板长声，故此曲慢散序之后，始入舞拍，分十二段，各段曲调均有变化，惟俱用快板，尾声用慢板长声以结此曲。惟白氏所云散序六奏之"六奏"，如作六次解，为近代作曲家所不用（西乐曲每段至多复奏三次），故本曲散序只用六乐句，且不反复演奏。惟曲调内容以用五声音阶为主，表示追想唐代之音乐也。

［原载《日刊》民国十二年（1923 年）12 月 15 日（星期六）第四版］

（16） 音乐传习所第十六次音乐会秩序单

日期：四月十九［日］晚八时
地点：第二院大礼堂

作曲者及曲目　　　　　　　　　　　　　　　　**演奏者**

1. Rossini（意人 1792—1863）：　　　　　　　　乐队全体
   Ouverture "Il Barbiere di Seviglia".
   歌剧"塞维雅之理发匠"之引子
   ［《塞维利亚理发师》序曲］

2. Gastaldon：　　　　　　　　　　　　　　　　同上
   Musica Proibita 禁乐
   ［此处用意大利文］

3. J. Haydn（奥人 1732—1809）：　　　　　　　同上
   London Symphony 伦敦大乐
   ［《伦敦交响乐》，No. 104］
   a) Adagio, Allegro;　　　　首章　柔板之后快板；
   b) Andante;　　　　　　　　次章　行板；
   c) Menuetto Allegro;　　　　三章　快板的小步舞；
   d) Finale Allegro spiritoso.　末章　存精神的快板。

4. F. Waldteufel（德人 1837—1915）：　　　　　同上
   Nuee d'oiseaux 雁群

第二部

5. O. Nicolai（德人 1810—1849）　　　　　　　同上
   ［奥托·尼古拉，德国作曲家、指挥］：
   Overture "Merry Wives of Windsor"
   歌剧"Windsor 的快活妇人"的引子
   ［《温莎的风流娘儿们》序曲］

6. Depret（法人）： 同上
   Sourire d'Avril 四月笑（回旋舞）

7. Mendelssohn（德人 1809—1847）： 嘉祉先生及乐队
   Concert-piece "Capriccio brillant" Op. 22
   钢琴独奏：音乐会演奏曲"快活杂感"（管弦乐伴奏）
   [《辉煌随想曲》]

8. L. Sinigaglia（意人 1863） 乐队全体
   [利昂纳·西尼加利亚，1863—1944，
   意大利作曲家]
   Dance of Piemontesi
   意大利舞［皮埃蒙特舞曲］

9. G. Meyerbeer（德人 1791—1894）： 同上
   Krönungsmarsch 加冕进行曲

秩序单之说明

西洋独奏乐曲之最长者为"Sonata"（译为"大曲"），在 Haydn 以前"大曲"之形式尚无一定，有长至五六章者，有仅由两章组成者；形式既无定，作品亦不多，至 Haydn 始完成大曲之形式，用三个乐章组成之。其后 Mozart，Beethoven 两模范作曲家均依此式作成许多大曲。音乐史家逐称此三人为大曲作曲家。

Haydn 更扩张大曲之形式为四章，制谱用管弦乐演奏，名之曰 "Symphony"，乐曲之大无过于此，吾人译名"大乐"。Haydn 作的大乐有一百十九套之多（尚有数套不在内，传说非 Haydn 的手笔），本晚演奏者乃其最著名作品之一，本为伦敦而作，故有伦敦大乐之名，英美人士甚欢迎之。

第四号曲用各种乐器描写群雁之鸣声。

第七号曲为 Mendelssohn 杰作之一，以钢琴为主体，管弦乐伴奏之；此曲节奏甚急，独奏者须有极敏捷轻快之技术与快活之表情，方可发挥尽致。伴奏者须有尖锐的节奏感觉，务使节拍丝毫不错，方不失此曲之精神。

第八号用意大利 Piemontesi［皮埃蒙特］的民歌曲调谱成舞曲。

第九号曲见歌剧"Prophet"（预言者）［《先知》］，曲虽甚短，惟节奏甚新奇，为进行曲中之不可多得者。

［原载《日刊》民国十三年（1924年）4月19日（星期六）第三版］

（17）音乐传习所第二次学生演奏会秩序单

六月五日晚八点　　北河沿第三院大礼堂

作曲者及曲目　　　　　　　　　　　　　　　　**演奏者**

1. 合歌：　　　　　　　　　　　　　　　　　　　师范科学生
   a）刘斐烈：三民歌
   b）萧友梅："歌"与"春及花"（二重音）
2. 钢琴独奏：
   a）Forster［福斯特］："Tom'boy"［顽皮女孩］　同上王骋
   b）Forster："Strolling musician"［流浪音乐家］　同上储振华
3. 钢琴独奏：　　　　　　　　　　　　　　　　　选科汤树人女士
   A. Kennedy［A. 肯尼迪］：
   "Star of the sea"［海之星］
4. 琵琶独奏二曲：
   a）美人思月，b）月儿高（见瀛洲古调）　　　王骋
5. 钢琴独奏：Oesten［厄斯滕］　　　　　　　　　选科欧阳爱女士
   "Sunset on the Alps"［日落阿峰］
6. Ryder［赖德］：　　　　　　　　　　　　　　　选科李光华女士
   "Blue Bell of Scotland"［苏格兰风铃草］
7. 琵琶二胡合奏：梅花三弄　　　吴伯超，储振华，吴益泰，
   　　　　　　　　　　　　　　　张堉，王骋五人
8. Kileinnickel［基莱因尼克尔］：　　　　　　　罗炯之，吴伯超
   "All'Ongarese"［匈牙利风格］

9. Richards［理查兹］：　　　　　　　　　　选科刘怡顺女士
　　"Warblings at Eve"［小鸟晚唱］

10. Kuhnau："Sonatine" Op. 88. No. 3　　师范科吴伯超
　　［小奏鸣曲］

11. 合歌：　　　　　　　　　　　　　　　师范科学生
　　a）萧友梅："听"
　　b）同上：燕蝶
　　c）同上：春华篇四折（三重音）

12. Neumann［纽曼］：　　　　　　　　　师范科王骋，储振华
　　"Cheerfulness"［兴高采烈］

13. Becucci［贝库奇］：　　　　　　　　　选科萧妙珍女士
　　"Last Hope"（Nocturne）
　　［夜曲《最后的希望》］

14. 琵琶独奏：快板九曲（见瀛洲古调）　　储振华

15. Lefébure Wély［勒费比勒·韦利］：　　师范科吴立卿女士
　　"Les cloches du Monastere"
　　［修道院的钟声］

16. 二胡合奏：　　　　　　　　　　　　　吴伯超　储振华
　　刘天华："病中吟"

17. 钢琴独奏：　　　　　　　　　　　　　师范科余子慧女士
　　Ivanovici："Flots du Danube"
　　［多瑙河之波］

18. 琵琶独奏：
　　王维：霸王卸甲　　　　　　　　　　　吴伯超

19. Favager［法瓦热］："Faust" Fantasia　选科罗炯之
　　［"浮士德"幻想曲］

20. 合歌：　　　　　　　　　　　　　　　师范科学生
　　a）萧友梅：古歌者赞（三重音）
　　b）萧友梅：钱春（二重音）

［原载《日刊》民国十三年（1924年）6月5日（星期四）第三版］

（18） 音乐传习所第十七次演奏会秩序单

Symphony Concert

十三年12月13日　　晚八时在第二院大讲堂

第一部

| 作曲者及曲目 | 演奏者 |

1. L. van Beethoven（德人1770—1827）：　　　　乐队全体
   The V Symphony［第五交响乐］
   a) Allegro con brio, b) Andante con moto,
   c) Allegro, d) Allegro, Presto.

休息十分钟

第二部

2. Keler Bela（匈牙利人1820—1882）：　　　　同上
   Jubilaeumsfeier（Fest-Ouverture）
   ［纪念会序曲］
3. M. Moszkowski（波兰人1854）：　　　　同上
   Valse d'amour［"爱的圆舞曲"，此处用法文］
4. 琵琶独奏：玉玲珑（集瀛洲古调）　　　　刘天华先生
5. Mendelssohn（德人1809—1847）：　　　　乐队全体
   a) A Dance of Clowns,
   b) Wedding March

说　明

德国模范作曲家贝吐芬（Beethoven），亦有人称为乐圣，著作甚多，其中最著名而最伟大者为九套大乐。本晚所演乃其第五套，北京外国人所开音乐会向来未曾演过，本所自本年暑期起练习至今，几及半年，始可开演，其技术之难可以想见。

至于贝氏所作大乐内容之佳，诚如 Arthur Elson 所谓"虽罄字典内之形容字，不足以描写之"。此种伟大著作之说明，非看专书不可。此处不过略述此套大乐各章之大概：

首章主眼只由两节组成，而此两节之内只有四个音（以简谱表示之为 0 3 3 3｜1—｜），全章曲调均由此四音变化而成。

次章组织为贝氏杰作之一好例，全章由两个主题组成，第一个主题性质和平而静，而声调如歌曲，第二个主题性质雄壮。

第三章为一种神秘不可思议的滑稽曲［谐谑曲］，音调忽隐忽显，时重时轻。

末章为一种快乐凯旋的性质，中间回忆第三章之一部分，末尾描写万众欢呼之声，至于无止境。

有人以作首章主眼之四音，比拟敲门警告之声，以次章之第一主题比拟心平气和提倡之声，以次章之第二主题比拟奋勇前进之声，以第三章之曲调比拟一种神秘滑稽之行动，以末章比拟凯旋欢呼之声；又有人批评此曲为描写从黑暗世界逐渐奋斗达到光明世界的感想。果尔则此套大乐直描写吾国三十年来革命史的音乐矣。

（19） 音乐传习所第十八次秩序单

一月十七日下午四时　　地点第二院大讲堂
Symphony Concert

第一部

作曲者及曲目	演奏者
1. G. A. Lortzing： Ouverture zur Oper "Wildschütz"	乐队全体
2. G. A. Lortzing：［此行似乎重复］	
3. J. Haydn：Military Symphony ［《军队》交响乐，No. 100］ 　a) Adagio, Allegro, b) Allegretto, 　c) Menuetto, d) Finale, Presto	同上

第二部

4. Kélèr Béla：Ouverture Comique ［喜剧序曲］　　　同上
5. Ed. Grieg：Peer Gynt Suite I　　　　　　　　　　同上
   a) Le matin,
   b) La mort d'Ase
   c) La danse d'Anitra,
   d) Danse la halle
     du roi de montagne.
   ［此处小标题用法文］
6. W. Balfe：Cavatine tiree de l'Opera "Bohemienne"　同上
   ［歌剧《波希米亚女郎》中的谣唱曲］
7. Mozart：Alla Turca　　　　　　　　　　　　　　同上
   ［《土耳其进行曲》，此处用法文］

说　明

  Ibsen（1828—1906）作的剧诗"Peer Gynt"乃那威诗家最著名作品中之一。裴尔斤乃假定为一种幻想过度之人。本剧诗之裴尔斤一农人子，其父母初甚富，其后耗尽家资，只余母子二人，贫乏几不能自活。裴尔斤终日幻想，每思得一计，必以告其母，其母虽屡为所愚，然每次必信其计之能行也。裴之性质向来大胆自负，一日某处举行婚礼，竟夺新妇，负之入山，置于山中，不顾而去，终夜与榨乳女等徘徊于山间，卒行抵一山王国，见国王之女而爱之。国王逐之出境。裴不得已乃返故里，及至家其母欧氏已垂死。然裴之天性尚未改变也。自是以后乃改业航海，不数年竟成一富商，行抵摩洛哥，在沙漠中遇 Beduin 酋长之女阿尼特拉而又恋之，然彼此皆知不能为夫妇，裴尔斤且常梦见其少时所爱之女子娑路歪，其人在本国日盼裴之归来，后裴返国时，年已不少，然尚能与娑路歪相见而定其终身之爱。

  Grieg 用两套连曲描写此段故事，博得世界大喝采，本晚演奏其第一套。此曲分为四大段,本为演此故事之用,均以管弦乐奏之,故又名管弦乐连曲 Orchester Suite。其第一段曰"晨声",乃牧歌性质;第二段"欧氏死"为全诗中最感动人之一段,描写裴母欧氏死时,彼尚不知之,坐于其床侧,一味幻想而已;第三段为"阿尼特拉之舞",描写裴在摩洛哥遇阿之情景;第四段"在山王之殿内"描写山鬼把夜游下界之裴尔斤逐出情景。

附注:军事大乐[《军队》交响乐]第三章作法有许多 Syncopation,此种节奏译名变强弱[切分音],吾国乐界称为腰板或腰眼。第四章作法与裴尔斤连曲第一段的后半段有许多地方,各弦乐器先后加入,非同时演奏,骤听之以为节拍不齐,其实两曲作法原来如是,前次演奏之"爱舞"亦然,特再声明几句,以免听者误会。

[原载《日刊》第1617号,民国十四年(1925年)1月17日(星期六)第一版]

(20) 音乐传习所第十九次演奏会

(纪念孙中山先生大乐音乐会)

三月二十八日下午八时在景山东街第二院大讲堂

秩序单

1. L van Beethoven(德人 1770—1827):
Sinfonia Eroica [《英雄》交响乐]
"Composta per festeggiare il sovvenire d'un grand' uomo"
["为纪念一位伟人而作"]
   a) Allegro con brio, b) Marcia funebre. Agadio assai,
   c) Allegro vivace, d) Finale.
2. L. van Beethoven:Overture "Egmont".
3. 萧友梅:"悼孙中山先生" op. 24(哀悼进行曲)
4. Gastaldon:Musica Proibita.

5. Chopin（波兰人 1810—1849）：
   Marcia［Marche］funebre Op. 35 ［葬礼进行曲］
6. A. Francis：Liberty for all（March）

说　明

贝吐芬（Beethoven）为模范作曲家之领袖，所遗下乐曲多不朽之著作，后代作曲家几无不视为最好的模范者。贝氏品格极高尚，且酷爱民治主义，1804年当其作第三套大乐时，因倾慕拿破仑之主张民权主义，特作一美丽封皮，上面书明"大乐一套，贝吐芬谨呈与拿破仑1804年8月"字样，预备俟有相当之机会正式送去巴黎。待至翌年五月，拿破仑称帝之消息传到奥京维也纳，其弟子Ries［里斯］即报知贝氏，贝氏闻之大怒，立将封皮撕下，盖深恶拿破仑之诈伪也（当日撕下之封面尚在奥京图书馆保存）。其后贝氏另题此套大乐为"英雄大乐"，并注明"为纪念一伟人而作"字样。即此一端足见贝氏人格之高尚与所抱主义之坚定矣。拿破仑因所抱之民权主义不能贯彻，以至失去领受贝氏大乐之机会，可知欲得此套"英雄大乐"者非有相当之人格不可。使贝氏生在今日而知有坚持民权主义始终不改变其宗旨如孙中山先生其人者，当必以拟赠拿破仑之大乐转赠与中山先生矣。吾人今日为纪念孙中山先生故，特奏此曲。

［原载《日刊》民国十四年（1925年）3月27日（星期五）第二版］

（21）音乐传习所第二十次演奏会秩序单
（Symphoy-Concert 大乐音乐会）

日期：四月二十五日晚八时　　地点：第二院大讲堂
　　　　演奏者　乐队全体

作曲者及曲目
1. L. van Beethoven（1770—1827）：
   The Ⅵ. Symphony（Pastorale）第六套大乐（牧歌大乐）

a) Allegro ma non troppo，首章 快板但不太过，
Awakening of joyous feeling at the arrive in the country. 抵乡时快感之兴起。

b) Adante molto moto，次章 颇快的行板，
Scene by the river. 溪边景象。

c) Allegro，三章 快板，
Gay meeting of the peasants. 乡人欢聚。

d) Allegro，四章 快板，
Thunder storm. 大雷雨，Tempest. 暴风雨。

e) Allegretto，末章 小快板
Shepherd's song. 牧歌
Gay and thankful feelings after the Tempest. 暴风雨后愉快而感谢的感想。

2. O. Nicolai（德人 1810—1849）：
Overture "Merry Wives of Windsor."
歌剧"Windsor 快活妇人"的引子

3. Depret：
Sourire d'Avril 四月笑（旋转舞）

4. K. Millöcker（奥人 1842—1899）：
［卡尔·米勒凯，奥地利作曲家、指挥家］
Quadrille. 方舞［方阵舞曲］

5. K. Komzak：
2 Volksliedchen 民歌二阕

6. C. M. Ziehrer（奥人 1843）：
Nervoes. 牢骚

秩序单之说明

乐曲之种类甚多，若从音乐性质上区别之，可分为两大类：

（一）绝对的音乐（Absolute Musik）借音乐符号发表人类的内部生活，其乐曲无一定题目，故演奏者与听者可各有一种之解释；

（二）说明的音乐（Program Musik）与前者正相反，有一定的题目，用音乐描写出来，无论何人须依其题目所标示而释之，故此两种音乐亦可以"主观的""客观的"名之。

十八世纪以前西洋乐曲多属主观的，其间虽有作客观的音乐者（如法之 Couperin 1668—1733，Rameau 1683—1764，德之 Pachelbel 1653—1706，Kuhnau 1660—1722）然不多见。自乐圣贝吐芬 Beethoven 的第六套大乐出现之后，努力作说明的音乐者日见增加，至前世纪末二十世初达于极点，如法之 Berlioz（1803—1869），匈之 Liszt（1811—1886），德之 Wagner（1813—1883）及 R. Strauss（1884）皆此类作曲家之代表者。

贝氏的第六套大乐描写乡间风景。分五大段：第一段写抵乡时快感之发生；第二段溪边景象，描写溪水流声，而以黄莺及布谷鸣声完结之；第三段快板描写村人欢聚舞蹈景象；第四段以低音提琴及大提琴、旋转鼓［定音鼓］描写雷声，以小提琴描写风声；第五段为牧歌体，描写风息雨止之后一种愉快而感谢的感想，末三段接连演奏。全曲约需五十分钟方可演完，为模范曲中最佳作品之一，以模范作曲家之贝吐芬而作说明的音乐，可称为双美者也。

［原载《日刊》民国十四年（1925年）4月25日（星期六）第一版］

（22）音乐传习所第四次学生演奏会秩序单

五月三十日晚八时　　　　第三院大礼堂

第一部

作曲者及曲目　　　　　　　　　　　　　演奏者

1. 合歌：
   萧友梅：a）燕歌辞
   　　　　b）大明湖月夜　　　　　　　　歌队全体

2. 钢琴独奏：
   Beethoven：3 Valses
   旋转舞三曲［圆舞曲三首］　　　　　选科许存孝君（杨先生组）
3. 钢琴独奏：
   Oesten：Alpine Songs Op. 50，No. 6. 山歌
   ［阿尔卑斯山歌］　　　　　　　　　师范科骆淑英女士（杨先生组）
4. 琵琶独奏：
   瀛洲古调：快板六曲　　　　　　　　师范科王骋君（刘先生组）
5. 钢琴独奏：
   Richards：Warblings at Eve 小鸟晚唱
   　　　　　　　　　　　　　　　　　选科汤树人女士（杨先生组）
6. 钢琴独奏：
   A. Goria［A. 戈里亚］：Mazurka　Op. 5. 波兰踏曲［马祖卡］
   　　　　　　　　　　　　　　　　　师范科张星云女士（杨先生组）
7. 二胡独奏：
   刘天华：空山鸟语　　　　　　　　　师范科储振华君（刘先生组）
8. 钢琴独奏：
   Oesten：Sunset on the Alps 日落阿峰 师范科王骋君（嘉先生组）
9. 琵琶独奏：
   瀛洲古调：汉宫秋月　　　　　　　　师范科储振华君（刘先生组）
10. 二钢琴合奏：
    Clementi［穆齐奥·克莱门蒂，1752—1832，英国钢琴家、作曲家］：
    Sonata in B^b major 大曲（大下 B 调）［^{b}B 大调奏鸣曲］
    　　　　　　　　　　　　　　　　师范科余子慧吴立卿女士（杨先生组）

第二部

11. 合歌：
    萧友梅：a)"歌"歌　b) 杨花　　　　　　　　　歌队全体
12. 钢琴独奏：
    Chopin：Valse Op. 69，No. 1　师范科余子慧女士（杨先生组）
    旋转舞

13. 二胡独奏：
    刘天华：病中吟　　　　　　预甲二年级徐炳麟君（刘先生组）
14. 钢琴独奏：
    Mendelssohn：Song without Words Op. 19，No. 3.
    猎歌（无词曲）［无词歌］　　选科袁慧熙女士（嘉先生组）
15. 琵琶独奏：
    瀛洲古调：十面埋伏（大套）　　吴伯超君（刘先生组）
16. 钢琴独奏：
    Chopin：Nocturne Op. 9，No. 2.
    夜曲　　　　　　　　　　　师范科吴立卿女士
17. 钢琴独奏：
    Schubert：ImpromptuOp. 90，No. 4.
    即席作［即兴曲］　　　　师范科吴伯超君（嘉先生组）
18. 钢琴管弦六部合奏：
    E. Toselli：Serenata
    夜歌　　　　　　选科袁慧熙女士与本所导师（嘉先生组）
19. 钢琴独奏：
    Weber：Aufforderung zum Tanz.
    请求跳舞　　　　　　　　选科罗炯之君（嘉先生组）
20. 丝竹合奏：
    刘天华编：变体新水令　　张星云女士吴伯超君储振华君
    　　　　　　　　　　　　　　　王骋君张堉君吴益泰君
    　　　　　　　徐炳麟君邓文辉君李光涛君张林君等（刘先生组）
21. 二钢琴合奏：
    Mozart：Sonata in D major I part. D 调大曲首章
    ［D 大调奏鸣曲第一乐章］
    　　　　　　　选科罗炯之君，师范科吴伯超君（嘉先生组）

　　　　　　［原载《日刊》民国十四年（1925 年）5 月 29 日］

(23) 本校附设音乐传习所师范科毕业音乐会

一九二六年六月八日　　本校第二院大讲堂

票价一元（一律无折扣）售票处一、二院东西斋号房

北大音乐会演奏单

第一部

作曲者及曲目　　　　　　　　　　　　　　　　**演奏者**

1. Kèlér Bela：Italienische Schauspiel-Ouverture
   意大利戏剧引子　　钢琴选科罗炯之及乐队（嘉先生组）
2. 二胡合奏：
   刘天华：病中吟　　　　　　师范科储振华君选科吴益泰君
3. Depret：Sourire d'Avril
   四月笑（旋转舞）　师范科吴立卿女士及乐队（杨先生组）
4. 合歌二阕：
   a) Ed. j. Walt［埃德·J. 沃尔特］：
   　Lassi O'Mine［我的姑娘］
   b) Zo Elliott［佐·埃利奥特］：
   　There's a Long, Long Trail［长长的小路］　师范科学生
5. Mozart：Minuetto of the Symphony in E^b
   下 E 调大乐内之小步舞
   ［^{b}E 大调交响乐的小步舞曲］
   　　　　　　师范科余子慧女士及乐队（杨先生组）
6. 二胡独奏：
   刘天华：月夜　　　　　　　　　　　　选科徐炳麟君
7. 钢琴独奏：
   Mendelssohn：Rondo Capriccioso Op. 14.　师范科吴伯超君
   幻想轮旋曲［随想回旋曲］　　　　　　（嘉先生组）

8. Mozart：9th Concerto for Pianoforte in E^b Major　Finale
   第九套钢琴音乐会曲末章
   [^{b}E 大调第 9 钢琴协奏曲（K271）末乐章]
   　　　　　　　　　钢琴选科袁慧熙女士及乐队（嘉先生组）

休息十分钟

第二部

9. C. Binder [卡尔·宾德，1816—1860，奥地利作曲家、指挥家，根据非法传入维地纳的声乐谱为奥芬巴赫的轻歌剧配器]：
   Ouverture "Orpheus in der Unterwelt"
   歌剧"阿佛士入地狱"引子
   [奥芬巴赫轻歌剧《地狱中的奥尔菲斯》序曲]
   　　　　　　　　　　　　钢琴选科萧福媛女士及乐队
10. 合歌：
    O. Speaks [奥利·斯皮克斯，1874—1948，
    美国男中音歌唱家、作曲家]：
    On the Road to Mandalay [通往曼德莱之路
    （作曲家最著名的两首歌曲之一）]　吴伯超，王骋，张堉三君
11. 钢琴及弦乐四部合奏：
    a) Mozart：Larghetto of the Krönungskonzert　余子慧女士及导师
       加冕音乐会曲中之中段
    b) Toselli：Serenade 夜歌　　骆淑英女士及导师（杨先生组）
12. 丝竹合奏：
    集曲巧玉连环　　　　　　吴伯超张堉吴益泰徐炳麟王骋
    　　　　　　　　　　　　徐义衡张林林棠华储振华九君
13. Gastaldon：Musica Proibita　禁乐　　师范科吴伯超君及乐队
14. 合歌：
    萧友梅：a) 汤山　b) 杨花
15. 觱栗独奏：　　　　　　　　　　　　　　穆志清先生
    Vollstadt：Sorgenfrei 无忧　　　　吴立卿女士及乐队伴奏

16. 琵琶独奏：
    李芳园编：平沙落雁　　　　　　　师范科吴伯超君
17. 钢琴独奏曲：
    a）Chopin：Valse Op. 70. No. 1 旋转舞　　钢琴选科罗炯之君
    ［圆舞曲 Op. 70 No. 1］　　　　　　　　　（嘉先生组）
    b）Ed. Grieg：Sonata Op. 7 I Part. 第七模范大曲首章
    ［第 7 奏鸣曲第一乐章］
18. Mozart：23th Concerto for Pianoforte in A Major
    Finale 第二十套钢琴音乐会曲末章　　钢琴选科萧福媛女士
    ［A 大调第 23 钢琴协奏曲末乐章］　　（杨先生组）及乐队

本乐队乐师姓名

钢琴嘉祉	小提琴孟范泰*	低音提琴徐玉秀*	觱栗王广福*
小提琴赵年魁	中音提琴乔吉福	长笛李廷桢	法国铜角连润启*
小提琴那全立*	大提琴李廷贤	洋管李延生*	细管喇叭潘振宗*
小提琴全书荫*	大提琴张恩元*	觱栗穆志清	旋转鼓甘文廉
指挥萧友梅			

有 * 号者为临时加入演奏员

［原载《日刊》民国十五年（1926 年）6 月 8 日（星期二）第二版，音乐会消息原载同一份《日刊》第一版］

（24）本校钢琴教员嘉祉先生告别音乐会预告

　　嘉祉先生来华教授音乐已经七载，历任北大、女大、艺专等校教职，成绩卓著，有口皆碑，无庸赘述。兹先生应南美智利音乐院院长之聘，不日离京，特奏其生平得意之 Beethoven Concerto［贝多芬协奏曲］与都人士告别，届时并有中外音乐名家及嘉先生之高足多位参加。兹将简单节目摘录如下：

嘉祉先生告别音乐会

日期　五月二十九日下午三点
地点　东长安街平安电影院

第一部

为纪念 Beethoven 而作

作曲者及曲目　　　　　　　　　　　　　　　**演奏者**

1. Beethoven Egmont Ouverture　　　　　　Mr. Gartz 及乐队
2. Beethoven
   钢琴独奏 Sonata Pathetique　　　　　　　吴伯超君
   [《悲怆》奏鸣曲 Op. 13]
3. Beethoven
   Concerto in C minor　　　　　　　　　　Mr. Gartz
   [c 小调钢琴协奏曲 No. 3，Op. 37]
   Piano Solo [钢琴独奏]

第二部

女大中乐组为嘉先生送别而作
1. 琵琶合奏
   花三弄　　　　　　　　　　　　　　　　韩权华，潘君方女士等
2. 丝竹合奏
   混江龙　　　　　　　　　　　　　　　　同上

第三部

1. Chopin
   钢琴独奏 Polonaise　　　　　　　　　　　韩权华女士
2. Schubert
   钢琴独奏 Impromptu [即兴曲]　　　　　　李淑清女士

3. Chopin
   钢琴独奏 Valse   潘君方女士
4. Weber
   Invitation to danse［《邀舞》，此处用英文］   岳德秀女士
5. Liszt
   钢琴独奏 Rapsodie［狂想曲］   萧淑娴女士

第四部

Duoiak［德沃夏克］
New World Symphony［"自新大陆"交响乐］   Mr. Gartz 及乐队

票价一元（本院学生减半凭入学证至平安购票）

　　［原载《日刊》民国十六年（1927年）5月27日（星期五）第一版］

国立音乐专科学校时期音乐会节目单

第七次学生演奏会

[1930年4月3日]

PART I

1. 丝竹合奏（Chinese Chamber Music）：
    枫桥夜泊（Nocturne） ················· 朱英
    朱英教授与丁善德，张恩袭，华文宪，满福民，曹在焉
2. 钢琴独奏：
    a)"Valsette"小旋转舞［小圆舞曲］
        ················· 博罗夫斯基（Borowsky）
        选科李金容（吕维钿夫人班）
    b)"Les Silphies［应为 Sylphies］"
        西路非［空气精灵］················· 布格缪勒
        预科魏鹤寿（吕维钿夫人班）
3. 小提琴独奏：
    燕……蝶 ················· 萧友梅
    师范科华文宪（胡［周淑安］夫人班）
4. 小提琴独奏：
    Student Concerto［学生协奏曲］················· 赛茨（Seits）
    选科刘蕙佐（法利国教授班）
5. 独唱：
    a) By the Waters of Minnetonka
        米尼唐加河畔［明尼通卡湖畔］
        ················· 利厄伦斯（Thurlow Lieurance）
        （长笛助奏劳景贤）
    b) The Two Grenadiers 两个掷弹兵 ················· 舒曼
        预科戴粹伦（胡夫人班）
6. 钢琴独奏：
    a) Air Tendre 温柔之歌 ················· 吕利

　　　　Courante 鼓浪舞［库朗特舞曲］………………… 吕利
　　　　选科钟敏秋（皮谷华夫人班）
　　b）Song Without Words, E Major 无词曲
　　　　［E 大调无词歌］………………………… 门德尔松
　　　　师范科李文淑（皮谷华夫人班）
　　c）Bagatelle, G Minor 小曲
　　　　［g 小调小品曲］………………………………… 贝多芬
　　　　预科劳冰心（皮谷华夫人班）
7. 独唱：
　　a）Love［爱］……………………………………… 李斯特
　　　Come We'll Wander together in the Moon Light
　　　　［让我们一起在月光下漫步］……………… 科内利乌斯
　　　　王筎香（华丽丝夫人班）
　　b）Don Juan's Serenade 邓峦的夜歌
　　　　［唐璜的小夜曲］…………………………… 柴科夫斯基
　　　　师范科张恩袭（施拉维诺夫夫人班）
8. 钢琴独奏：
　　a）Nocturne 夜曲
　　　　… 亚历山大·格列恰尼诺夫（A. Gretchaninow）Op. 8
　　　　预科陈又新（欧萨可夫先生班）
　　b）Rondo Espressivo 表情的轮旋曲［富有表情的回旋曲］
　　　　…………………………………………………… 巴赫
　　　　师范科程雪晖（皮谷华夫人班）
9. 大提琴独奏：
　　Andante［行板］………………………………… 格鲁克
　　预科劳冰心（佘甫磋夫教授班）
10. 独唱：
　　a）To Spring［致春天］…………………………… 古诺
　　　　师范科喻宜萱（施拉维诺夫夫人班）
　　b）Valentin's Song from Opera "Faust"
　　　　［歌剧《浮士德》之"瓦伦丁之歌"］………… 古诺
　　　　师范科满福民（施拉维诺夫夫人班）

11. Orchestra：［弦乐合奏］

　　Chanson Russe 俄人之歌
　　　　……………………………… 史密斯（S. Smith）Op. 31
　　The College Orchestra［学院乐队］
　　指挥法利国教授

PART Ⅱ

1. 女声合唱：
   I Hear the Bees a-humming［我听见蜜蜂嗡嗡］
   　　…………………………………… 班布里奇（Bainbridge）
   女声合唱（胡夫人班）
2. 小提琴钢琴二重奏：
   First Sonatina［第一小奏鸣曲］ ……………… 舒伯特
   戴粹伦（法利国教授班）
   李献敏（查哈洛夫教授班）
3. 独唱：
   a）1. 织布
   　　2. 也是微云（Two Chinese Song） ………… 赵元任
   　　张恩袭（胡夫人班）
   b）南飞之雁语（Song of the Teal） ………… 萧友梅
   　　选科王　素（胡夫人班）
4. 钢琴独奏：
   a）Nocturne in A Major 夜曲［A 大调夜曲］……… 菲尔德
   　　预科丁善德（查哈洛夫教授班）
   b）"Melodie"［旋律］
   　　…………… 迈耶 – 黑尔门德（Meyer-Helmend）
   　　选科李琴仙（吕维钿夫人班）
5. 琵琶独奏：
   秋宫怨……………………………………………… 朱英
   （一）宫苑秋思，（二）卧看双星，
   （三）金风落叶，（四）月冷薰笼
   　　丁善德（朱英先生班）

6. 钢琴独奏：
   a）"La Gitana" Mazurka 季檀娜［"吉卜赛女郎"玛祖卡］
   ………………………………………… 海因斯（Heins）
   选科夏国琼（吕维钿夫人班）
   b）Four Preludes in C minor, G major, D flat Major, and C Major 序四首［c 小调，G 大调，ᵇD 大调，C 大调前奏曲］
   ……………………………………………………… 肖邦 Op. 28
   预科李献敏（查哈洛夫教授班）

7. 二重唱：
   Guarda Che Bianca Lunna［看那皎洁的月亮］
   ………………………… 法比奥·坎帕纳（Fabio Campana）
   喻宜萱 满福民（施拉维诺夫夫人班）

8. 大提琴独奏：
   Adagio［柔板］………………………………………… 科雷利
   选科克吕格（Mr. Kluge）（佘甫磋夫教授班）

9. 钢琴独奏：
   a）"Les Arpeges" 箜篌之音［琶音］
   ……………………………… 迈尔（Mayer）Op. 11. No. 3
   选科裘复生（吕维钿夫人班）
   b）Toccata and Fugue in D Minor［d 小调托卡塔与赋格］
   …………………………………… 巴赫 – 陶西格（Tausig）
   选科李翠贞（查哈洛夫教授班）

10. 独唱：
    a）Good-bye 再会 ……………… 保罗·托斯蒂（P. Tosti）
    师范科劳景贤（胡夫人班）
    （小提琴助奏戴粹伦）
    b）O Sunny Ray 阳光 ………………………………… 舒曼
    师范科常文彬（施拉维诺夫夫人班）

11. 男声合唱：
    Bells of the Sea［海上之钟］
    ………………………………… 兰姆 – 索尔曼（Lamb-Solman）
    男女［原文如此］合唱（胡夫人班）

本校第一届学生音乐会秩序单

(十九年五月二十六日晚九时假座美国妇女俱乐部举行 [1930 年])

PART I

1. 女声合唱:
   From the English Opera Iolanthe
   [选自英国歌剧《约兰特》]
   "Tripping hither, tripping thither"
   [这边跳一步,那边跳一步] ………… 阿瑟·萨利文
   指挥:胡周淑安先生
2. 钢琴独奏:
   Prelude [前奏曲], Op. 28, No. 15 ………… 肖邦
   陈又新君(欧萨可夫先生班)
3. 二部合唱(Double Duet):
   Thy Face So Like a Flower(脸如花)………… 青主
   李文淑,邓敬言,王筠香,朱燿懿女士(华丽丝夫人班)
4. 钢琴独奏:
   a)"Albumleaf"[纪念册一页] …… 雅达松(Jadassohn)
   夏国琼女士(吕维钿夫人班)
   b) Impromptu E^b Major [^{b}E 大调即兴曲], Op. 90, No. 2
   ………………………………………… 舒伯特
   裘复生君(吕维钿夫人班)
5. 中提琴独奏:
   Cavatina 小歌 [谣唱曲] ………… 拉夫(Raff)
   谭抒真君(介楚士奇先生班)
6. 独唱:
   Down Deep within the Cellar [在深深的地窖中]
   ………………………………… 菲榭(Ficher)
   张恩袭君(施拉维诺夫夫人班)

7. 琵琶独奏：
   五三纪念（Chinese Suite）……………………………… 朱英
   丁善德君（朱英教授班）
8. 独唱：
   上山 Going Uphill …………………………………… 赵元任
   常文彬女士（胡周淑安先生班）
9. 大提琴独奏：
   Andante from Concerto Op. 8 ［协奏曲 Op. 8 之行板］
   ………………………………… 希伯莱因（H. Heberlein）
   克吕格君（Mr. K. Kluge）（佘甫磋夫教授班）
10. 钢琴独奏：
    Concerto in E Minor Op. 11，1st Part
    ［e 小调钢琴协奏曲第 1 部分］………………………… 肖邦
    With Accompaniment of 2nd Piano ［第二架钢琴伴奏］
    李翠贞女士（查哈洛夫教授班）

PART Ⅱ

1. 大提琴四部合奏：
   （Cello Quartet）［大提琴四重奏］：
   Au Berceau 摇篮曲…… 库斯涅佐夫（A. Kousnetzoff）Op. 4
   克吕格君，沈松柏君，劳冰心女士，李献敏女士
   （佘甫磋夫教授班）
2. 独唱：
   Aria from Opera Troubadour
   ［歌剧《游吟诗人》之咏叹调］……………………… 威尔第
   满福民君（施拉维诺夫夫人班）
3. 小提琴独奏：
   （1）Canzonetta，from Violin Concerto
   ［小提琴协奏曲之"小坎佐纳"乐章］…… 柴科夫斯基
   （2）Kuiawiak，2nd Mazurka
   ［库亚维亚克，第 2 玛祖卡］………… 维尼亚夫斯基
   戴粹伦君（法利国教授班）

4. 四部合唱（Triple Mixed Quartet）：
   a）箫 Flute（Chinese Folk Song） ……胡周淑安先生改编
   b）Spring Song 春歌………… 奇罗·平苏蒂（Ciro Pinsuti）
   指挥：胡周淑安先生
5. 钢琴独奏：
   Prelude and Toccata D Minor
   ［d 小调前奏曲与托卡塔］ ………… 拉赫纳（Lachner）
   萨哈罗华女士（Miss Fausta Sakharova）（皮谷华夫人班）
6. 长笛独奏：
   The Shepherds Idylle 牧歌
   ………………埃内斯托·克勒（Ernesto Koehler）Op. 58
   劳景贤君（史丕烈先生班）
7. 独唱：
   Aria from Opera Tosca［歌剧《托斯卡》之咏叹调］
   ……………………………………………………………普契尼
   喻宜萱女士（施拉维诺夫夫人班）
8. 二钢琴合奏：
   Valse from Suite Op. 15, for Two Pianos
   ［双钢琴组曲之圆舞曲］
   ……………………… 安东·阿连斯基（A. Arensky）
   李献敏　鲍明洁女士（查哈洛夫教授班）
9. 合唱：
   a）Toreador Song from Carmen
   ［歌剧《卡门》之"斗牛士之歌"］………… 比才
   独唱戴粹伦君（胡周淑安先生班）
   b）Buddhist Chant 佛曲（Chinese Folk Song）
   …………………………………………… 周淑安改编
   指挥：胡周淑安先生
   钢琴伴奏：鲍明洁女士

胡周淑安先生举行中西乐会并请
陈黄炜贤女士独奏,夏璐德女士伴奏

三月六日下午五时 [1931 年]

1. 意文歌(In Italian)

    Recitative……Giunse alfin il momento
    Aria……Deh vieni, non tardar

    From Opera "The Marriage of Figaro" [选自歌剧《费加罗的婚礼》的宣叙调和咏叹调]……………莫扎特

2. 德文歌(In German)

    Du Bist die Ruh [你是安宁] …………………… 舒伯特

3. 法文歌(In French)

    Villanelle [维拉内拉] ………………… 德拉夸(Dell'Acqua)

4. 中国儿童新歌 Group of Chinese Songs for Children ………………………………………… 胡周淑安作曲

    a. 月亮白光光 Queer Thief Catchers

    b. 雨 Rain?

    c. 燕语 The Swallows

    d. 劳动歌 Labour Song

    e. 笑 Laugh

5. 中国新歌曲 Group of Chinese Songs for Adults … 胡周淑安作曲

    a. 日落西山 At Sunset

    b. 老鸦 The Crow

    c. 小诗 A Little Poem

    d. 安眠歌 Gradle Song

    e. 关不住了! Over the Roofs

6. 钢琴独奏

    a. Fantasia in C Minor [c 小调幻想曲] ……………… 巴赫

    b. Rêverie [幻梦] …………………………………… 德彪西

    陈黄炜贤女士(Mrs. J. M. Tan, L. R. A. M., London)

7. 英文歌 English Song
   a. Come unto Him, all ye that labour From Oratorio "Messiah"
      [清唱剧《弥赛亚》选段] ················· 亨德尔
   b. Hosanna! [和散那!] ····· 朱尔·格拉涅尔(Jules Granier)
   c. Will-o'-the Wisp [磷火] ············ 斯普罗斯(C. G. Spross)
   d. Three in all (Bavarian Folk Song)
      [一共三个(巴伐利亚民歌)] ·········· 博姆(C. Bohm)
   e. Robin, robin, sing me a song
      [知更鸟,知更鸟,给我唱支歌] ······ 斯普罗斯(C. G. Spross)

第十一次学生演奏会秩序单

三月十四日下午五时 [1931年]
第一部

1. 男复音合唱 Male Chorus:
   A Pirate Bold 一个勇敢的海盗
      ······························ 埃米尔·费希尔(Emil Fisher)
   胡周淑安先生指挥
2. 钢琴独奏 Piano Solo:
   Hunting Song 猎歌 ······························ 门德尔松
   何惠仙女士(吕维钿夫人班)
3. 独唱 Vocal Solo:
   O Sunny Ray 喔,阳光! ··························· 舒曼
   萧琬恂女士(施拉维诺夫夫人班)
4. 钢琴独奏 Piano Solo:
   APrelude for the Left Hand
   序曲,左手独奏[左手前奏曲] ··············· 斯克里亚宾
   陈又新君(欧萨可夫教授班)
5. 二胡独奏 Erhu Solo:
   虞舜薰风曲
   周祖荫君(吴伯超教授班)

6. 钢琴独奏 Piano Solo：

   Kinderscenen No. 10 G minor

   童时忆旧［《童年情景》No. 10，g 小调］ ………… 舒曼

   邵家光君（皮谷华夫人班）

7. 复二部合唱 Double Duet：

   Birds of Passage 候鸟 … 尤金·希尔达奇（Eugen Hildach）

   萧嘉惠，黄梅贞，王大乐，杨淑英女士（周先生组）

8. 钢琴独奏 Piano Solo：

   Impromptu A^b Major 偶成

   ［降 A 大调即兴曲］ ……………………………… 舒伯特

   唐明汉君（廖华丽丝夫人班）

9. 独唱 Vocal Solo：

   a）In Foreign Lands 异乡

   ……………………………………………………… 舒曼

   b）By the Manzanares ［曼萨纳雷斯河畔］

   ………………………………………… 詹森（Jensen）

   王笋香女士（廖华丽丝夫人班）

10. 合唱 Mixed Chorus：

    Humoreske "Swanee River" ［幽默曲"斯瓦尼河"］

    ………… 德沃夏克 - W. A. 威尔逊（Wilson）改编

    胡周淑安先生指挥

第二部

1. 二钢琴合奏 Piano Duet：

   "Ma Mére l' Oye" Suite for Two Pianos

   ［双钢琴《鹅妈妈》组曲］ ……………………… 拉威尔

   （2 Movement）［二乐章］

   喻宜萱（欧萨可夫教授班），欧萨可夫先生

2. 独唱 Vocal Solo：

   a）Total Eclipse（Samson）全晦

   ［选自清唱剧《参孙》］ ………………………… 亨德尔

b）I Hear You Calling Me
　　　我闻君呼唤我 ………………… 马歇尔（Cha. Marshall）
　　　劳景贤君（胡周淑安先生班）
3. Sonata for Violin and Piano F Major 1 Movement
　小提琴钢琴合奏
　[F大调小提琴钢琴奏鸣曲《春天》第1乐章]
　……………………………………………………… 贝多芬
　戴粹伦君（法利国教授班）李献敏女士
　（查哈洛夫教授班）
4. 钢琴独奏 Piano Solo：
　　a）Prelude for the Left Hand
　　　序曲左手独奏［左手前奏曲］ ……………… 斯克里亚宾
　　b）Rondo Brilliant
　　　响亮的轮旋曲［辉煌的回旋曲］ ……………… 韦伯
　　裘复生君（查哈洛夫教授班）
5. 女复音合唱 Female Chorus：
　　a）O Come Everyone That Thirsteth
　　　喂大家渴的来
　　　…………………………………………… 门德尔松
　　b）What the Birds Think 鸟想的什么
　　　………………………………………………… 舒伯特
　　胡周淑安先生指挥
6. 大提琴独奏 Cello Solo：
　　Melodie［旋律］Op. 3 No. 1 …………… 安东·鲁宾斯坦
　　劳冰心女士（佘甫磋夫教授班）
7. 琵琶独奏 Pipa Solo：
　　小霓裳曲…………………………………………… 选谱
　　朱耀懿女士（朱英教授班）
8. 独唱 Vocal Solo：
　　Se Tu della mi Morte［在我死后］ ………… A. 斯卡拉蒂
　　华文宪君（苏石林教授班）

9. 钢琴独奏 Piano Solo：

  Fantasies on Caprices

  自由幻想曲……………………………………门德尔松

  周彤女士（吴伯超教授班）

10. 独唱 Vocal Solo：

  Aria from Opera "Les Huguenots"

  ［歌剧《胡格诺教徒》之咏叹调］…………迈耶贝尔

  喻宜萱女士（施拉维诺夫夫人班）

11. 钢琴独奏 Vocal Solo：

  Rondo Capriccioso，Op. 14

  轮旋曲［随想回旋曲］……………………………门德尔松

  江定仙君（吕维钿夫人班）

第十二次学生演奏会秩序单

四月十八日下午八时 ［1931 年］

第一部

1. 大合唱 Mixed Chorus：

  牧童歌

  Song of the Shepherd Idyll

  ………………………………………里姆斯基 - 科萨利夫

  胡周淑安先生指挥

2. 钢琴独奏：

  a）序 Prelude ［前奏曲］

  b）小步舞的節拍 Tempo di Minuetto ［小步舞节奏］

  ………………………………沃尔特·尼曼（W. Niemann）

  选科陈田鹤君（廖华丽丝夫人班）

3. 独唱：

  野蔷薇 The Wild Rose ……………………………舒伯特

  选科华美杰女士（施拉维诺夫夫人班）

4. 钢琴独奏：
    a）梦中 En Rever
    b）小步舞 Menuetto ……………………… 格利埃尔
       选科刘己明君（欧萨可夫教授班）
5. 独唱：
    a）晚好 Good Night ……………………… 舒伯特
    b）我爱你 I love thee ……………………… 格里格
       师范科李文淑女士（廖华丽丝夫人班）
6. 钢琴独奏：
    a）传奇曲 Romance F# major
       ［#F 大调浪漫曲］ ………………………… 舒曼
    b）亚剌伯式曲 Arabesque A major
       ［A 大调阿拉伯风格曲］……………… 德彪西
       师范科劳冰心女士（皮谷华夫人班）
7. 小提琴独奏：
    第二套学生音乐会曲首章（Student's Concertino No. 2, Ist Movement）［第 2 学生协奏曲，第 1 乐章］
       ………………………… 汉斯·西特（Hans Sitt）
    选科刘蕙佐君（法利国教授班）
8. 钢琴独奏：
    卡门挪衣岛 "Kamennoi Ostrow" ………… 安东·鲁宾斯坦
    选科柯时女士（吕维钿夫人班）
9. 独唱：
    母亲麦克利 Mother Machree［麦克利大妈］
       ………………………… 奥尔科特·贝尔（Olcott Bel）
    预科胡然君（胡周淑安先生班）
10. 钢琴独奏：
    快活杂感 Capriccio brillant Op. 22
       ［辉煌随想曲］……………………… 门德尔松
    预科李献敏女士（查哈洛夫教授班）

第二部

1. 大合唱 Mixed Chorus：

    失掉的和音 The Lost Chord ［失落的和弦］…… 阿瑟·萨利文

    胡周淑安先生指挥

2. 钢琴独奏：

    春声 Rustle of Spring ………………………… 辛丁（Sinding）

    选科夏国琼女士（吕维钿夫人班）

3. 独唱：

    流浪人 The Wanderer ［流浪者之歌］………………… 舒伯特

    预科戴粹伦君（胡周淑安先生班）

4. 钢琴独奏：

    a) 摇篮曲 Berceuse F# major

      ［#F 大调摇篮曲］………………………… 巴拉基列夫

    b) 快活轮旋曲 Rondo brillant ［辉煌回旋曲］………… 韦伯

    选科萨哈罗华女士 Miss Fausta Sakharova（皮谷华夫人班）

5. 独唱：

    睁开你的蓝眼睛　Open thy blue Eyes ……………… 马斯内

    选科常文彬女士（施拉维诺夫夫人班）

6. 二大提琴合奏 Duo for 2 Cellos：

    a) Allegro ［快板］

    b) Andantino ［小行板］

    c) Allegro Scherzoso ［嬉戏的快板］

     ………………… 弗·奥·库默尔（F. A. Kummer）Op. 22

    选科张贞黻君及李献敏女士（佘甫磋夫教授班）

7. 钢琴独奏：

    第三套钢琴音乐曲第一章 Concerto No. 3 in C minor, 1Movement ［C 小调第三钢琴协奏曲第 1 乐章］…… 贝多芬

    With Accompaniment of 2nd Piano

    ［第 2 架钢琴伴奏］

       选科鲍明洁女士（查哈洛夫教授班）

8. 弦乐队合奏 String Orehestra：
   ［歌剧"绮靡根尼亚在欧里市"的引子
   Overture to the Opera "Iphigenia in Aulis"
   ［歌剧《伊菲姬尼在奥利德》序曲］ ················ 格鲁克
   Conductor Prof. A. Foa（法先生指挥）

第二次学生歌乐会秩序单［声乐音乐会］

五月二日下午五时半［1931 年］

第一部

1. 合唱 Chorus：
   大好江山
   Land of Our Hearts ······ Chadwick 蔡威克［查德威克］胡宣明译
   指挥胡周淑安先生

2. 独唱：
   a）吾无怨 I'll Not Complain ·················· 舒曼
   预科丁善德君（苏石林教授班）
   b）信心于你 Trusting in Thee
   ················ 罗伯特·科沃利（Robert Covorley）
   选科田雪萍君（苏石林教授班）

3. 独唱：
   "Voi che Sapet" Aria from opera "Nozze di Figaro"
   ［歌剧《费加罗的婚礼》之咏叹调"你可知道
   什么是爱情"］ ···························· 莫扎特
   师范科萧琬恂女士（施拉维诺夫夫人班）

4. 独唱：
   a）悲歌 Elegy ···························· 马斯内
   师范科江文光君（胡周淑安先生班）
   b）一种音乐的思想 A Thought Like Music ········ 勃拉姆斯
   预科胡然君（胡周淑安先生班）

5. 四部合唱 Triple Quartet：

   Hey Ho Robin［喂，喂，知更鸟］

   ……………………………… B. 兰博德（B. Lambord）

   指挥胡周淑安先生

6. 独唱：

   何故？

   Solo：Why? ………………………… 柴科夫斯基

   选科李新爱女士（施拉维诺夫夫人班）

7. 三部合唱：

   比阿罗的归来［三重唱：彼埃罗归来］

   Trio：Pierrot's Return

   ……………………………… 夏米纳德（Chaminade）

   劳景贤，戴粹伦，江文光三君

8. 二部合唱 Duet：

   今日［二重唱］

   To-day ………………… 弗·海·考恩（F. H. Cowen）

   劳景贤及戴粹伦君（胡周淑安先生班）

9. 独唱：

   春之歌 Spring Song ………………………… 古诺

   选科常文彬女士（施拉维诺夫夫人班）

10. 独唱：

    a）十方诸世界 ……………… 贝多芬 青主译

    b）我住长江头 ……………………… 青主

    师范科喻宜萱女士（胡周淑安先生班）

11. 独唱：

    小睡神 The Little Sandman（German Folksong）

    ［德国民歌］……………………… 勃拉姆斯

    师范科李文淑女士（廖华丽丝夫人班）

12. 男［声］合唱 Male Chorus：

    John Peel［约翰·皮尔］… 马克·安德鲁斯（Mark Andrews）

    指挥：胡周淑安先生

第二部

1. 女[声]合唱：
   春天 Female Chorus
   Spring Time ………… 艾尔弗雷德·伍勒（Alfred Wooler）
   指挥：胡周淑安先生
2. 独唱：
   爱 Love ……………………………………… 李斯特
   选科周遇春君（苏石林教授班）
3. 独唱：
   a）亲爱的心儿 Dear Heart …… 蒂托·马泰（Tito Mattei）
      师范科劳景贤君（胡周淑安先生班）
   b）狂暴的，你这愤怒的狂徒 Rage, Thou Angry Storm
      [肆虐吧，你狂怒的风暴]
         ………… 朱利乌斯·本尼迪克特（Julius Benedict）
      预科戴粹伦君（胡周淑安先生班）
4. 独唱：
   上山………………………………………… 赵元任
   师范科满福民君（胡周淑安先生班）
5. 独唱：
   a）贡献 Dedication ………………………… 舒曼
   b）你知道那地方吗？
      Song from "Migon", Dost Thou Know the Land?
      [歌剧《迷娘》之"你可知那个地方？"]
         ………………………………… 托马（Thomas）
      师范科王筠香女士（廖华丽丝夫人班）
6. 独唱：
   摇篮歌 Lullaby from opera "Jocelyn"[歌剧《约瑟兰》
   之摇篮曲] ………………… 本·戈达尔（B. Godard）
   选科萧嘉惠女士（胡周淑安先生班）
   戴粹伦君小提琴助奏

7. 独唱：
   a) 教我如何不想他 ················· 赵元任
      师范科劳景贤君（胡周淑安先生班）
   b) 乐观 ······················· 胡周淑安
      选科常文彬女士
8. 独唱：
   O Del mio dolce ardor ············· 格鲁克
   师范科满福民君（施拉维诺夫夫人班）
9. 复音四部合唱 Double Mixed Quartet：
   啊，我的爱人好像一朵鲜红的玫瑰花
   O, my luve's like a red, red rose
   ················ 乔·马·加勒特（G. M. Garrett）
   王大乐，萧嘉惠，黄梅贞，杨淑英女士
   劳景贤，胡然，戴粹伦，江文光君
   指挥：胡周淑安先生
10. 独唱：
    L'insana parole aria from opera "Aida"
    [歌剧《阿依达》之咏叹调] ············ 威尔第
    喻宜萱女士（施拉维诺夫夫人班）
11. 大合唱 Mixed Chorus：
    The Anvil Chorus from opera "Ie Trovatore"
    [歌剧《游吟诗人》之"铁砧合唱"]
    ····································· 威尔第
    指挥：胡周淑安先生

第十三次学生演奏会秩序单

五月八日下午八时 [1931 年]

第一部

1. 合唱 Chorus：
   大好江山
   Land of Our Hearts
   ················· 查德威克（Chadwick）胡宣明译
   指挥：胡周淑安先生
2. 钢琴独奏 Piano Solo：
   土耳其进行曲
   Turkish March ················· 莫扎特
   预科胡然君（皮夫人组）
3. 大提琴独奏 Cello Solo：
   忆君
   Longing for thee ············ E. H. 弗雷（E. H. Frey）
   选科徐绍曾君（佘先生组）
4. 钢琴独奏 Piano Solo：
   旋转舞曲
   Valse in G$^\flat$ [$^\flat$G 大调圆舞曲] ············ 肖邦
   师范科周祖荫君（吴先生组）
5. 长笛独奏：Flute Solo：
   La Traviata [茶花女] ·········· W. 波佩尔（W. Popper）
   选科叶怀德君（史先生组）
6. 钢琴独奏 Piano Solo：
   a）悲歌 Elegie ················· 格里格
   b）挪威舞曲 Norwegian Dance ········· 格里格
   选科易开基君（廖夫人组）

7. 琵琶独奏 Pi-pa Solo：

   青莲乐府　第十二段……………………………………选李谱

   选科倪小迂君（朱先生组）

8. 钢琴独奏 Piano Solo：

   黄昏

   At Evening ………………………………………………舒曼

   选科钟敏秋女士（施夫人组）

9. 独唱 Vocal Solo：

   Aria from opera Carmen

   ［歌剧《卡门》之咏叹调］………………………………比才

   师范科喻宜萱女士（施夫人组）

10. 钢琴独奏 Piano Solo：

    a) 第二小曲 2nd Arabesque

       ［第二阿拉伯风格曲］……………………………德彪西

    b) 俄舞 Gopak ［戈帕克舞曲］

       ………………………………………………穆索尔斯基

    选科柯时女士（吕夫人组）

第二部

1. 合唱 Chorus：

   The Anvil Chorus from opera "It Trovatore"

   ［歌剧《游吟诗人》之"铁砧合唱"］………………威尔第

   指挥：胡周淑安先生

2. 钢琴独奏 Piano Solo：

   夜曲

   Nocturne in E^b Major ［^{b}E 大调夜曲］………………肖邦

   师范科喻宜萱女士（欧先生组）

3. 大提琴独奏 Cello Solo：

   Vito ［逃脱］…… 格·戈尔特曼（G. Goltermann）Op. 133

   选科张贞黻君（佘先生组）

4. 钢琴独奏 Piano Solo：

    小曲 Arabesque［阿拉伯风格曲］·················· 舒曼

    选科丁善德君（查先生组）

5. 小提琴独奏 Violin Solo：

    第六音乐会曲，第一段 Concerto No. 6，1st Movement

    ［第六协奏曲第 1 乐章］················· 罗德

    预科戴粹伦君（法先生组）

6. 二胡独奏 Er-hu Solo：

    空山鸟语·························· 刘天华

    选科陈恭则君（吴先生组）

7. 独唱 Vocal Solo：

    a）勿忘我 Stizzoso mio stirroso ··············· 佩尔戈莱西

    师范科华文宪君（苏先生组）

    b）Forget-me-not［勿忘我］······ 古斯塔夫·格拉本－霍夫曼

    （Gustav Graben-Hoffmann）Op. 83 No. 3

    选科沈葆昌君（苏先生组）

第二届学生音乐会秩序单

五月十六晚八时假座静安寺路美国妇女俱乐举行［1931 年］

第一部

1. 合唱 Chorus：

    大好江山

    Land of Our Hearts ········· 查德威克（Chadwick）胡宣明译

    指挥：胡周淑安先生

2. 钢琴独奏 Piano Solo：

    a）序曲，左手独奏

    Prelude for the Left Hand

    ［左手前奏曲］··················· 斯克里亚宾

    预科陈又新君（欧先生班）

  b）春声

    Rustle of Spring ················· 辛丁（Sinding）

    选科夏国琼女士（吕夫人班）

3. 独唱：

  a）悲歌

    Elegy ···························· 马斯内

    师范科江文光君（胡夫人班）

  b）乐观

    Optimism ························ 胡周淑安

    选科常文彬女士（胡夫人班）

4. 琵琶独奏 Pi-pa Solo：

  长恨曲，首四段 ························· 朱英

  Eternal Remorse 1st 4 movements

  预科丁善德君（朱先生班）

5. 女声合唱 Female Chorus：

  春天

  Spring Time ············ 艾尔弗雷德·伍勒（Alfred Wooler）

  指挥：胡周淑安先生

6. 钢琴独奏 Piano Solo：

  即席偶成

  Impromptu A^b Major

  ［^{b}A 大调即兴曲］ ···················· 舒伯特

  选科唐明汉君（廖夫人班）

7. 三部合唱 Trio：

  比阿罗的归来［三重唱：彼埃罗归来］

  Pierrot's Return ··············· 夏米纳德（Chaminade）

  劳景贤，戴粹伦，江文光君（胡夫人班）

8. 钢琴独奏 Piano Solo：

  快活杂感

  Capriccio Brillant［辉煌随想曲］············· 门德尔松

  预科李献敏女士（查先生班）

With accompaniment of 2nd Piano
［第2架钢琴伴奏］
9. 复音四部合唱 Double Mixed Quartet：
啊，我的爱人好像一朵鲜红的玫瑰花
O, My luve's like a red, red rose
……………………… 乔·马·加勒特（G. M. Garrett）
黄梅贞，萧嘉惠，王大乐，杨淑英女士及劳景贤，胡然，戴粹伦，江文光君（胡夫人班）

第二部

1. 男声合唱 Male Chorus：
John Peel ［约翰·皮尔］
………………… 马克·安德鲁斯（Mark Andrews）
指挥：胡周淑安先生
2. 钢琴独奏 Piano Solo：
a）慰藉 Consolation No. 3 D^b Major
［第3首安慰曲，^{b}D大调］………………… 李斯特
b）响亮的轮旋曲
Rondo Brillant ［辉煌回旋曲］ ………………… 韦伯
选科萨哈罗华女士　Miss F. Sakharove
（皮夫人班）
3. 独唱 Vocal Solo：
"L'insana parole" aria from opera "Aida"
［歌剧《阿依达》之咏叹调］………………… 威尔第
师范科喻宜萱女士（施夫人班）
4. 二胡独奏 Er-hu Solo：
闲居吟…………………………………………… 刘天华
师范科周祖荫君（吴先生班）
5. 钢琴独奏 Piano Solo：
小曲 Arabesque ［阿拉伯风格曲］ ………………… 舒曼
预科丁善德君（查先生班）

6. 大提琴独奏 Cello Solo：

   Vito ［逃脱］ ················ 格·戈尔特曼（G. Goltermann）

   选科张贞黻君（佘先生班）

7. 独唱 Vocal Solo：

   a）亲爱的心儿

   　　Dear Heart ················ 蒂托·马泰（Tito Mattei）

   b）教我如何不想他？

   　　How Can I Help Thinking of Him ················ 赵元任

   师范科劳景贤君（胡夫人班）

8. 长笛独奏 Flute Solo：

   谐曲［谐谑曲］

   Scherzo ················ 埃·克勒（E. Koehler）

   选科叶怀德君（史先生班）

9. 小提琴独奏 Violin Solo：

   第六音乐会曲，第一章

   Concerto No. 6, 1st movement

   ［第六协奏曲第1乐章］ ················ 罗德

   预科戴粹伦君（法先生班）

10. 合唱 Chorus：

    The Anvil Chorus from opera "Il Trovatore"

    ［歌剧《游吟诗人》之"铁砧合唱"］

    ················ 威尔第

    指挥：胡周淑安先生

第十四次学生演奏会

本校大礼堂　二十年十月二十四晚八时［1931年］

　　第一部

1. Orchestra：
    a) Menuetto 小舞曲［小步舞曲］………………莫扎特
       弦乐合奏
       戴粹伦君小提琴独奏（法利国教授班）
       弦乐队伴奏（佘先生指挥）
    b) Le Cygne 天鹅 ……………………………………圣桑
       张贞黻君大提琴独奏（佘甫磋夫教授班）
       弦乐队伴奏（佘先生指挥）
    c) No. 1 Small Serenade 夜曲［小夜曲 No. 1］…莫扎特
       弦乐合奏　（佘先生指挥）
2. 独唱 Vocal Solo：
    a) Thou art like unto a flower［你像一朵花］…鲁宾斯坦
       沈葆昌君（苏石林教授班）
    b) Could my songs their way be winging
       ［如果我的歌长了翅膀］………………阿恩（Hahn）
       常文彬女士（施拉维诺夫夫人班）
3. 独唱 Vocal Solo：
    "Pretty Lady" from opera Don Giovanni
    ［歌剧《唐乔瓦尼》之"漂亮的夫人"］………莫扎特
    戴粹伦君（胡周淑安先生班）
4. 钢琴独奏 Piano Solo：
    a) Two Arabesque, E major, G major
       ［E 大调、G 大调阿拉伯风格曲］……………德彪西
    b) Fire Dance 火舞［火祭舞］…………………法利亚
       李献敏女士（查哈罗夫教授班）

5. 女声合唱 Female Chorus：

　　Mari quita ………… 爱德华多·马尔佐（Eduardo Marzo）

　　指挥：周淑安先生

第二部

1. 大合唱 Mixed Chorus：
   a）呜，呜，呜！………………………………… 周淑安
   b）抗日歌 ………………………………………… 黄自

   指挥：周淑安先生

2. 钢琴独奏 Piano Solo：
   a）Fire Scene from Die Walkuere 神火
   　　［歌剧《女武神》的神火场景］
   　　………………………… 瓦格纳－布拉辛（Brassin）
   b）Polichinelle［小丑］………… 拉赫玛尼诺夫

   过拉女士　Miss H. Gora（查哈洛夫教授班）

3. 钢琴独奏 Piano Solo：
   a）Romance 传奇曲
   　　［浪漫曲］…………………… J. 魏斯曼（J. Weismann）
   b）Serenade 夜曲
   c）Toccatina［小托卡塔］
   　　………………………………… 约·哈斯（J. Haas）

   陈田鹤君（廖华丽丝夫人班）

4. 小提琴独奏 Violin Solo：

   Air Varie 变体曲 ………… 夏·当克拉（C. Dancla）

   廖永康君（介楚士奇教授班）

5. 钢琴独奏 Piano Solo：
   a）Impromptu 即席偶成
   　　［即兴曲］……………………………… 阿连斯基
   b）Grande Gigue
   　　［庄严的吉格舞曲］………… 埃斯莱（Haessler）

   劳冰心女士（皮谷华夫人班）

6. 钢琴独奏 Piano Solo：

   Impromptu［即兴曲］……………………………… 舒伯特

   江定仙君（吕维钿夫人班）

第十五次学生演奏会

二十年十一月七日下午八时［1931 年］

第一部

1. 钢琴独奏：

   Wedding Day 佳期［婚礼日］…………………… 格里格

   唐明汉君（廖夫人班）

2. 独唱：

   The Wanderer's Night Song 浪人的夜歌

   ［流浪者的夜歌］………………………………… 舒伯特

   华文宪君（苏石林先生班）

3. 琵琶独奏：

   当仁不让………………………………………………… 朱英

   杨金祺君（朱英先生班）

4. 钢琴独奏：

   Consolation D minor 慰藉

   ［d 小调安慰曲］………………………………… 阿连斯基

   何端荣女士（皮谷华夫人班）

5. 小提琴独奏：

   Andante Religiose［宗教风格的行板］

   ……………………… 弗朗西斯·托梅（Francis Thome）

   夏璐敏女士（巴特雷夫人班）

6. 独唱：

   a）四月十七 …………………………………………… 青主

   b）打起黄莺儿（戴粹伦君提琴助奏）

   ………………………… E. Liau-Valesby［廖华丽丝］

c）Swallow 燕子·················德拉夸（Dell'Acqua）
常文彬女士（应尚能先生及施拉维诺夫夫人班）
7. 钢琴独奏：
a）Pastorale 牧歌 ·················斯卡拉蒂 – 陶西格
b）Capriccio 杂感
［随想曲］·················斯卡拉蒂 – 陶西格
c）Liebesleid 恋歌 ·················克莱斯勒 – 拉赫玛尼诺夫
萨哈罗华女士（查哈洛夫先生班）
8. 男生合唱：
Weep No More 勿泣 ·················拉赫玛尼诺夫
周淑安先生指挥

第二部

1. 女声合唱：
The Snow 雪 ·················埃尔加
周淑安先生指挥
2. 琵琶独奏：
平沙落雁·················王昭君
谭小麟君（朱英先生班）
3. 钢琴独奏：
a）April 四月 ·················柴科夫斯基
华文宪君（欧萨可夫先生班）
b）Impromptu，C Minor 偶成
［c 小调即兴曲］·················舒伯特
陈又新君（欧萨可夫先生班）
4. 独唱：
a）红满枝 ·················青主
b）煮豆持作羹 ·················E. Liau-Valesby ［廖华丽丝］
c）Warrior's Foreboding 武士的谶语 ·················舒伯特
胡然君（周淑安先生班）

5. 钢琴独奏：
   1st Arabesque　第一阿拉伯式曲
   [第1阿拉伯风格曲] ································· 德彪西
   夏国琼女士（吕维钿夫人班）
6. 独唱：
   Aria from Opera Tosca：
   "Non la sospiri la nottra casetta"
   [歌剧《托斯卡》咏叹调"你不怀念我们的安乐窝吗"]
   ··· 普契尼
   喻宜萱女士（施拉维诺夫夫人班）
7. 钢琴独奏：
   Rigoletto Paraphrase　丽歌栗土释要
   [《黎哥莱托》音乐会释义曲] ············· 威尔第-李斯特
   裘复生君（查哈洛夫先生班）
8. 大合唱：
   a) First Love　初恋 ································· 舒伯特
   b) 海韵 ··· 赵元任
   周淑安先生指挥

本校赈灾音乐会

十一月二十七晚八时半假座青年会新会堂举行 [1931年]

第一部　学生演奏

1. 弦乐队合奏：
   Serenade 夜曲 [小夜曲] ························· 莫扎特
   指挥：佘甫磋夫先生
2. 钢琴独奏：
   Impromptu，C. Minor 偶成
   [c小调即兴曲] ····································· 舒伯特
   预科陈又新君（欧先生班）

3. 琵琶独奏：
   平沙落雁 …………………………………………… 王昭君
   选科谭小麟君（朱英先生班）
4. 独唱：
   我的眼哭罢！
   "Pleurez！Pieurez！mes yenx" from "Le Cid"
   ［歌剧《熙德》之咏叹调］………………………… 马斯内
   师范科喻宜萱女士（施夫人班）
5. 钢琴独奏：
   Wedding Day 佳期 ………………………………… 格里格
   特别选科唐明汉君（廖夫人班）
6. 女声合唱：
   Snow 雪 …………………………………………… 埃尔加
   指挥：胡周淑安先生
   戴粹伦徐锡绵两君提琴助奏

第二部　教员演奏

1. 三部合奏：
   第一三部合奏曲，首章
   ［《第一三重奏》第 1 乐章］
   查先生，钢琴；法先生，小提琴；佘先生，大提琴
2. 独唱：
   a）Caro Mio Ben［我亲爱的］
   ……………………………… 焦尔达尼（Giordani）
   b）I Attempt from Love's Sickness to Fly
   我试逃避爱情的痛苦 ……………………………… 珀赛尔
   应尚能先生
3. 琵琶独奏：
   哀水灾………………………………………………… 朱英
   朱英先生

第三部　学生演奏

1. 男声合唱：
   九一八战歌·························· 劳景贤作调
   指挥：胡周淑安先生　　　　　　　　　周淑安和声
2. 钢琴独奏：
   Impromptu 偶成［即兴曲］············ 阿连斯基
   师范科劳冰心女士（皮夫人班）
3. 大提琴独奏：
   音乐会曲
   ····························· 戈尔特曼（Goltermann）
   a）Andante［行板］
   b）Finale 结段［末乐章］
   选科张贞黻君（佘先生班）
   李献敏女士钢琴伴奏（查先生班）
4. 独唱：
   Warrior's Foreboding 武士的谶语·········· 舒伯特
   预科胡然君（周淑安先生班）
5. 钢琴独奏：
   1st Arabesquet 第一阿剌伯式曲 ·········· 德彪西
   选科夏国琼女士（吕夫人班）
6. 小提琴独奏：
   Menuet 小步舞 ······················· 莫扎特
   本科戴粹伦君（法先生班）
7. 钢琴独奏：
   Rigolotto Paraphrase "丽歌栗土" 剧释要 ··· 威尔第-李斯特
   选科裘复生君（查先生班）
8. 大合唱：
   a）First Love 初恋·················· 舒伯特
   b）同胞们 ························· 周淑安
   指挥：周淑安先生

第十六次学生演奏会

二十一年四月十六晚八时 ［1932 年］

1. 男声合唱：
    a）She' Fooling Thee 她愚弄你 ·················· 科布（Cobb）
    b）To Sing Awhile 清歌一曲
     ·························· 德拉蒙德（Drummond）
    指挥：应尚能先生
2. 钢琴独奏：
   Impromptu in A^b major 偶成
   ［^{b}A 大调即兴曲］ ························ 舒伯特
   选科陆素珊女士
3. 钢琴弦乐四部合奏：
   ［钢琴四重奏］
   1st Part Vivace ［第 1 乐章　活泼地］
   2nd Part Andante ［第 2 乐章　行板］
   3rd Part Menuetto ［第 3 乐章　小步舞曲］
   ···························· Myslirecek Op. 1
   ［原文如此；但可能是米斯利维切克（r 应为 v）］
   戴粹伦，胡静翔，张贞黻，裘复生君
4. 长笛独奏：
   Allegro De Concert 音乐会曲第一章 ［协奏曲快板］
   ············· 阿道夫·特沙克（Adolf Terschak）
   选科叶怀德君
5. a）二部合唱：
   The Manly Heart from "The Magic Flute"
   雄心
   ［歌剧《魔笛》之二重唱"勇敢的心"］············ 莫扎特
   萧嘉惠女士，戴粹伦君

b）独唱：

　　The Gallant "Salamander" 英勇的沙拉门大

　　……………… 多伟涅·巴纳尔（Dauvergne Barnard）

　　本科戴粹伦君

6. 琵琶独奏：

　　阳春古曲…………………………………………… 李氏谱

　　选科谭小麟君

7. 钢琴独奏：

　　Harmonious Blacksmith 和谐的铁匠 ………… 亨德尔

　　选科巫一舟君

8. 大提琴独奏：

　　Adante from Ⅲ Concert 第三音乐会曲第二章

　　［第3协奏曲第2乐章行板］

　　　　………………… 戈尔特曼（Goltermann）

　　选科张贞黻君

9. 钢琴独奏：

　　Gavotte，Op.11 舞曲［加沃特舞曲］

　　　　………………… 卡尔加诺夫（Karganoff）

　　选科刘倦驰君

10. 独唱：

　　a）When I am laid in Earth, from "Dido and Aeneas"
　　　 待我死后
　　　 ［歌剧《狄朵与埃涅阿斯》之"狄朵悲歌"］
　　　 …………………………………………… 珀塞尔

　　b）No more Annoy, from "Les Deux Avares"
　　　 解脱烦恼 ［歌剧《两个守财奴》之咏叹调］
　　　 ………………… 格雷特里（Andre Gretry）

　　选科萧嘉惠女士

11. 钢琴独奏：

　　a）Etude in A^b Major ［^{b}A 大调练习曲］

　　　　………………………………………… 肖邦

b）Gnomenreigen 倭人舞［侏儒的轮舞］
··· 李斯特
选科过拉女士（Miss Helen Gora）

12. 大合唱：

a）Indian Dawn 印度之曙 ················ 费希尔（Fisher）

b）A Pirate Bold 一个勇敢的海盗
··· 扎梅奇尼克（Zamecnik）

指挥：应尚能先生

第十七次学生演奏会

五月四日下午八时［1932 年］

第一部

1. 钢琴独奏：

   幻想曲 Fantasie，C Minor

   ［c 小调幻想曲］·· 莫扎特

   易开基君

2. 独唱：

   Love that's true will live for ever 真爱能够永存 ······ 亨德尔

   徐北溟君

3. 钢琴独奏：

   Rondo Billiante 响亮的回旋曲

   ［辉煌回旋曲］·· 韦伯

   江定仙君

4. 小提琴独奏：

   Conertino No. 2，3rd Movement 第二音乐会曲第三章

   ［第 2 协奏曲第 3 乐章］··············· 汉斯・西特（H. Sitt）

   李德复君

2. 钢琴独奏：

    Concerto in A minor, 1st Movement 音乐会曲第一章

    [a 小调钢琴协奏曲第 1 乐章]·················· 格里格

    李献敏女士

第二部

1. 琵琶独奏：

    平沙落雁·························· 王昭君

    杨金祺君

2. 独唱：

    a) Siegmunds Liebeslide from "Die Walküre"

    [《女武神》之"齐格蒙德的情歌"]

    ·························· 瓦格纳

    劳景贤君

    b) 二部合唱 "Parigi, O Cara" from "La Traviata"

    [《茶花女》之二重唱"我们离开巴黎"]

    ·························· 威尔第

    萧嘉惠女士，劳景贤君

3. 钢琴独奏：

    Rondo E^b major "La Galante"

    [^{b}E 大调"华丽"回旋曲]·················· 胡梅尔

    何端荣女士

4. 小提琴独奏：

    Concerto in E minor, 2nd Movement 音乐会曲第二章

    [e 小调协奏曲第 2 乐章]·················· 门德尔松

    戴粹伦君

5. 钢琴独奏：

    Concerto in D minor, 1st movement 音乐会曲第一章

    [d 小调协奏曲第 1 乐章]·················· 鲁宾斯坦

    Miss F. Saharova [萨哈罗华女士]

第十八次学生演奏会

二十一年十月廿二日晚八时 [1932 年]

1. 大合唱：
    a）仙乐飘飘处处闻（长恨歌）……………………黄自
    b）此恨绵绵无绝期（长恨歌）……………………黄自
    指挥：应尚能先生
2. 琵琶独奏：
    南将军令
    谭小麟君
3. 钢琴独奏：
    a）Consolation　慰藉［安慰曲］……………………李斯特
    b）Moment de désespoir 失望的时候
    ………………………布卢门菲尔德（Blumenfeld）
    易开基君
4. 独唱：
    a）Rose-Marie［罗丝玛丽］
    ………………………莫洛伊（J. L. Molloy）
    b）Looking Back 回顾 ……………………萨利文
    杨淑英女士
5. 钢琴独奏：
    Sonata G Major, with Grieg accompaniment, for 2 pianos
    ［G 大调奏鸣曲，格里格改编为双钢琴曲］
    ………………………………………格里格　莫扎特
    Miss E. Kohanoff［科哈诺夫女士］
6. 独唱：
    Two Grenadier 两个掷弹兵 ……………………舒曼
    田雪萍君

7. 钢琴独奏：
    a) To Spring 给春天［致春天］·················· 格里格
    b) Etude［练习曲］······························· 阿连斯基
    c) Polichinelle 小丑 ························· 拉赫玛尼诺夫
    李献敏女士
8. 弦乐合奏：
    Hymnus 颂圣曲［赞美诗］
        ················· 亚历克斯·菲利茨（Alex. Fielitz）
    指挥：［佘先生?］
9. 独唱：
    a) 春思曲 ·· 黄自
    b) "O den fatale" from "Don Carlo"［歌剧《唐卡洛斯》咏叹调"被诅咒的美貌"］················ 威尔第
    喻宜萱女士
10. 钢琴独奏：
    a) Logaides ·································· 阿连斯基
    b) Prélude 序曲［前奏曲］
        ································ 利亚多夫（Liadoff）
    c) En Automne 给秋天［致秋天］
        ···················· 莫什科夫斯基（Moszkousky）
    何端荣女士
11. 男生合唱：
    渔阳鼙鼓动地来（长恨歌）···················· 黄自
    指挥：应尚能先生
12. 钢琴独奏：
    Etude de Concert［音乐会练习曲］·············· 李斯特
    Etude Op. 10. No. 12［练习曲 Op. 10 No. 12］········ 肖邦
    Miss Helen Gora［海伦·过拉女士］
13. 二部合唱：
    I've Wander'd in Dream 梦游 ··· 约·奥·韦德（J. A. Wade）
    喻宜萱女士，胡然君

14. 钢琴独奏：

    Ballade in F Minor 序事诗

    ［f 小调叙事曲］ ………………………………………… 肖邦

    裘复生君

15. 大合唱：

    "Worthy is the Lamb" from Messiah

    ［清唱剧《弥塞亚》之"羔羊应受赞美"］……… 亨德尔

    指挥：应尚能先生

第十九次学生演奏会

二十一年十一月五日下午八时 ［1932 年］

第一部

1. 弦乐合奏：

    Valse Triste 忧愁的旋转舞

    ［悲伤圆舞曲］ ………………………………… 西贝柳斯

    指挥：佘先生

2. 长笛独奏：

    Le Babillard，Etude-Caprice，Op. 23 喋喋

    ［练习曲 – 随想曲］ … 阿道夫·特沙克（Adolf Terschak）

    叶怀德君

3. 钢琴独奏：

    Butterfly 蚨蝶 ………………………………………… 格里格

    何惠仙女士

4. 独唱：

    a）玫瑰三愿 Three Wishes of a Rose ……………… 黄自

    常文彬女士，李德复君提琴助奏

    b）1. "Spirto gentil" from La Favorita

    ［歌剧《宠姬》咏叹调"优美的灵魂"］

    ………………………………………………… 多尼采蒂

  2. Jolly Good Ale and Old 又好又老的烧酒 ········ 黄自

   劳景贤君

5. 钢琴独奏：

 Scherzo in B Minor 谐曲

 [b 小调谐谑曲] ·· 肖邦

 丁善德君

6. 小提琴独奏：

 Concerto No.1, Last Movement 第一音乐会曲末章

 [第 1 协奏曲末乐章] ··············· 阿科利（J. B. Accolay）

 廖永康君

7. 独唱：

 a）心安身自安 ··· 周淑安

 b）Good-bye 再会 ···································· 托斯蒂

  胡然君，戴粹伦君提琴助奏

8. 钢琴独奏：

 Hungarian Fantasie 匈牙利幻想曲 ···················· 李斯特

 李献敏女士

第二部

1. 琵琶独奏：

 阳春古曲 ··· 李芳园

 陈恭则君

2. 钢琴独奏：

 Scherzo a Capriccio F Sharp Minor 谐曲

 [#f 小调随想谐谑曲] ··································· 门德尔松

 潘莲雅女士

3. 小提琴独奏：

 Students' Concerto No.3, D Minor　2nd Movement

 第三学生音乐会曲第二章

 [d 小调第三学生协奏曲第 2 乐章]

  ···································· 汉斯·西特（Hans Sitt）

 陈又新君

4. 钢琴独奏：
   a) Romance 传奇曲 ［浪漫曲］ ………………… 阿连斯基
   b) Etude ［练习曲］ ………………………………… 格里格
      邵家光君
5. 大提琴独奏：
   a) Andante from Concerto No. 5 第五音乐会曲第二段
      ［第五协奏曲行板］
      ………………… 乔·戈尔特曼（G. Goltermann）
   b) Musette 暮剎特 ［缪塞特舞曲］
      ……………………………………………… 奥芬巴赫
      张贞黻君
6. 钢琴独奏：
   a) Nocturne C Minor 夜曲 ［c 小调夜曲］
      …………………………………………………… 肖邦
   b) Valse Paraphrase 旋转舞释义
      ［圆舞曲释义曲］
      ………………… 约·施特劳斯－格林菲尔德
      （I. Strauss-Grünfeld）
      Miss F. Saharova ［萨哈罗华女士］
7. a) 男声五部合唱：
      Lullaby 催眠歌 ［摇篮曲］ ………………… 勃拉姆斯
      胡然，劳景贤，李荣生，戴粹伦，徐北溟君
   b) 女声复二部合唱　Come and Trip It ［来跳舞吧］
      ………………………………… 卡迈克尔（Carmichael）
      萧嘉惠，常文彬，杨淑英，王大乐女士
   c) 男生三部合唱　跛足道人歌 ………………… 周淑安
      胡然，胡投，徐北溟君

本校五周纪念音乐会

第一部

1. 弦乐合奏:
    a) Hymnus 颂圣曲 [赞美诗]
       ………………………… 菲利茨（Fielitz）
    b) Valse Triste 忧愁的旋转舞
       ………………………… 西贝柳斯
    指挥：佘先生 Prof. I. Shevtzoff
2. 钢琴独奏:
    a) Consolation in D Flat Major
       [♭D 大调安慰曲] ………… 李斯特
    b) Moment désespoir 失望的时候
       ………………… 布卢门菲尔德（Blumenfeld）
    易开基君
3. 独唱:
    a) 思乡 Longing for Home ………… 黄自
    b) Nur wer die Sehnsucht Kennt
       [只有那孤独的心] ………… 柴科夫斯基
    华文宪君
4. 钢琴独奏:
    a) Prelude No. 9 序曲 [第 9 前奏曲]
       ………………………………… 巴赫
    b) Fantasie Impromptu, Op. 66 即席幻想曲
       [即兴幻想曲] ………………… 肖邦
    唐珊贞女士
5. 独唱:
    a) 玫瑰三愿 Three Wishes of a Rose ……… 黄自
    戴粹伦君提琴助奏

b）Tell Me My Heart 告诉我吧

　　·························· 毕晓普（Bishop）

　　喻宜萱女士

6. 钢琴独奏：

　　Hungarian Fantasie 匈牙利幻想曲·············· 李斯特

　　李献敏女士

7. 男声合唱：

　　Pilgrim's Chorus from "Tannhäuser" 香客之歌

　　［歌剧《汤豪舍》之朝圣者合唱］

　　·································· 瓦格纳

　　指挥：应尚能先生

第二部

1. 二部合唱：

　　I Would That My Love 我愿我的爱

　　······························ 门德尔松

　　华文宪君，丁善德君

2. 琵琶独奏：

　　五三纪念···························· 朱英

　　谭小麟君

3. 独唱：

　　a）心安身自安 ···················· 胡周淑安

　　b）Good-bye 再会 ···················· 托斯蒂

　　胡然君

　　戴粹伦君提琴助奏

4. 钢琴独奏：

　　a）Nocturne in C Minor 夜曲 ············· 肖邦

　　b）Valse Paraphrase 旋转舞释义

　　　　········ 施特劳斯－格林菲尔德（I. Strauss-Grünfeld）

　　Miss Fausta Saharova［弗斯塔·萨哈罗华女士］

5. 大提琴独奏：
   a）Andante from Concerto No. 5 第五音乐会曲第二段
   ……………………………… 戈尔特曼（Goltermann）
   b）Musette 暮刹特…………………………… 奥芬巴赫
   张贞黻君

6. a）女声复二部合唱：
   Come and Trip It ………………… 卡迈克尔（Carmichael）
   萧嘉惠，常文彬，王大东，杨淑英女士
   b）二部合唱：
   I've Wandered in Dreams 梦游
   ……………………………………………… 韦德（Wade）
   喻宜萱女士，胡然君

7. 小提琴独奏：
   Concerto No. 5. 1st Movement with Cadenza
   第五音乐会曲第一章
   [第五协奏曲第1乐章及华彩乐段] ………………… 莫扎特
   戴粹伦君

8. 钢琴独奏：
   a）Prelude 序曲 [前奏曲] ………………… 利亚多夫
   b）Bigarrures 闪电 [五颜六色]
   ……………………………………………… 阿连斯基
   何端荣女士

9. 大合唱：
   a）Happy and Light from "Bohemian Girl"
   [歌剧《波希米亚女郎》之"幸福愉快"]
   ……………………………………………… 巴尔夫（Balfe）
   b）仙乐飘飘处处闻（长恨歌）………………… 黄自
   指挥：应尚能先生

第二十次学生演奏会

二十二年三月廿五日下午八时 [1933 年]

第一部

1. 弦乐合奏：
   Overture from "Belmonte and Constanze"
   [《贝尔蒙特与康斯坦茨》序曲] ······················ 莫扎特
   指挥：佘先生
2. 钢琴独奏：
   偶成 Impromptu in E Flat Major
   [^{b}E 大调即兴曲] ····························· 舒伯特
   杨体烈君
3. 大提琴独奏：
   摇篮曲 Berceuse from "Jocelyn" ········ 戈达尔（Godard）
   朱咏葵君
4. 独唱：
   a) Out of My Bitter Weeping
   [不再伤心哭泣]
   ····························· 弗朗茨（Franz）
   b) The Gay Butterfly 浪蝶 ················ 弗朗茨（Franz）
   c) The Green Trees Whisper'd Low and Mild 绿树微吟
   ····························· 巴尔夫（Balfe）
   杨淑英女士
5. 钢琴独奏：
   a) Consolation 慰藉 [安慰曲] ················ 阿连斯基
   陈玠女士
   b) Tarantella 达仑舞曲 [塔兰泰拉舞曲]
   ····························· 黑勒（Heller）
   Miss Tamara Markittant [塔玛拉·马奇丹女士]

6. 琵琶独奏:
   平沙落雁···王昭君
   袁遐宜女士
7. 大提琴独奏:
   Etude Melodique 练习曲［旋律练习曲］······卡塞拉（Casella）
   彭启基君

第二部

1. 钢琴独奏:
   Concerto D Minor, 1st Movement 音乐会曲第一章
   ［d 小调钢琴协奏曲第 1 乐章］····························莫扎特
   劳冰心女士
2. 独唱:
   Il Bacio（意大利文）
   归梦［吻］·····································阿尔迪蒂（Arditi）
   常文彬女士
3. 小提琴独奏:
   Student Concerto No. 3 in G Minor, 1st Movement
   学生音乐会曲，第一章
   ［g 小调第 3 学生协奏曲第 1 乐章］
   ···赛茨（Seitz）
   廖永康君
4. 独唱:
   The Bells of Seville 塞维的钟声［塞维尔的钟声］
   ···祖德（Jude）
   丁善德君
5. 二长笛与钢琴合奏:
   Concertante［复协奏曲］
   ···当克拉（Dancla）
   叶怀德君，史先生，李献敏女士

6. 小提琴钢琴合奏：

   Sonatina No. 1. 模范小曲

   ［第 1 小奏鸣曲］ ·················· 舒伯特

   a）Allegro Molto ［很快的快板］

   b）Andante ［行板］

   c）Allegro Vivace ［活泼的快板］

   包可闳君　丁善德君

7. 弦乐合奏：

   a）Finale Rondo for String Quartet 弦乐四部曲之末章

   ［弦乐四重奏的末乐章回旋曲］

   ·················· 海顿 Op. 33 No. 3

   b）Coronation March "The Prophet" 加冕进行曲

   ［选自歌剧《先知》］·············· 迈耶贝尔

   指挥：佘先生

第二十一次学生演奏会

二十二年五月六日下午五时半 ［1933 年］

第一部

1. 钢琴独奏：

   Impromptu No. 4 偶成 ［即兴曲］ ·········· 舒伯特，Op. 90

   刘倦驰君

2. 独唱：

   a）Thou Art Like a Tender Flower 你好像一朵鲜花

   ·················· 李斯特

   b）The Lotus Flower 荷花 ·············· 舒曼

   蔡绍序君

3. 钢琴独奏：

   Nocturne E flat Major 夜曲 ［^{b}E 大调夜曲］ ·········· 肖邦

   向隅君

4. 独唱：

   O! Pure and Tender Star of Eve 晚星

   ［选自歌剧《汤豪舍》］ ………………………… 瓦格纳

   周遇春君

5. 大提琴独奏：

   Andante from Concerto No.1 第一音乐会曲行板

   ［第 1 协奏曲行板］

   ………………………………… 克伦格尔（Klengel）

   徐绍曾君

6. 钢琴独奏：

   a) Slumber Song 睡歌 ………………………… 舒曼

   b) Rigaudon ［里格东舞曲］………………… 格里格

   巫一舟君

7. 长笛独奏：

   L'Artésienne Menuet 小步舞曲

   ［《阿莱城姑娘》之小步舞曲］………………… 比才

   叶怀德君

8. 钢琴独奏：

   a) Berceuse 摇篮曲 …………………………… 居伊（Cui）

   b) Prelude 序曲 ［前奏曲］………………… 利亚多夫

   c) Music Box 洋琴 ［八音盒］……………… 利亚多夫

   Miss Helen Gora ［海伦·过拉女士］

9. 小提琴独奏：

   Concrto in A Minor, Largo and Allego

   音乐会曲，广板，快板 ［a 小调协奏曲之广板与快板］

   …………………………………………… 维瓦尔第

   刘蕙佐君

10. 二钢琴合奏：

    Romance for Two Pianos 传奇曲

    ［双钢琴浪漫曲］………………………………… 格里格

    何端荣女士，易开基君

第二部

1. 琵琶独奏：

    南将军令 …………………………………………… 皇甫直

    吴和庵君

2. a) 独唱：

    I Will Not Grieve 我不悲哀 …………………… 舒曼

    徐北溟君

   b) 复二部合唱：

    Friendship 友谊 …………………… 格洛弗（Glover）

    黄梅贞，黄云彩，王大乐，陈玠女士

3. 钢琴独奏：

    Scenes from Childhood 童年情景 …………… 舒曼

    a) Funny Story

    b) Blindman's Buff

    c) Perfect Happiness

    d) Great Event

    e) Child Falling Asleep

    林文桂女士

4. 独唱

    a) I Passed by Your Window 我行过你的窗前

    ………………………………………… 布拉厄（Brahe）

    b) There Is No Death 长生 ……………… 奥哈拉（O'Hara）

    满福民君

5. 二长笛及钢琴合奏：

    Andante et Rondo, Op, 25

    [行板与回旋曲] ………………… 多普勒（Doppler）

    叶怀德君，史丕列先生及李献敏女士

6. 钢琴独奏：

    a) Etude in C Sharp Minor

        [#c 小调练习曲] ………………………… 斯克里亚宾

b）Valse in A Major 旋转舞
　　　［A 大调圆舞曲］……………………… 拉赫玛尼诺夫
　　　唐珊贞女士
7. 钢琴独奏：
　　a）Three Preludes Op. 28 Nos. 4，1，20 三序曲
　　　［前奏曲，Op. 28，Nos. 4，1，20］……………… 肖邦
　　b）Polonaise Op. 53 舞曲［♭A 大调波洛奈兹］
　　　……………………………………………………… 肖邦
　　　Miss Fausta Saharova［弗斯塔·萨哈罗娃女士］
8. 小提琴独奏：
　　Concerto No. 7，Adagio and Rondo 第七音乐会曲
　　［第 7 协奏曲之柔板与回旋曲］…………… 罗德（Rode）
　　夏璐敏女士
9. 大合唱：
　　a）Glory to God［荣耀属于上帝］………………… 亨德尔
　　b）And the Glory of the Lord［上帝的荣耀］…… 亨德尔
　　　指挥：应尚能先生

第四次学生歌乐会

二十二年五月十日下午五时半［1933 年］

1. a）Ave Maria（in Germen）
　　　［圣母颂（德文演唱）］………………………… 舒伯特
　　b）Mandolin Song［曼多林歌曲］………………… 古诺
　　　狄润君女士
2. Hark！Hark！The Lark［听，听，云雀］………… 舒伯特
　　胡投君
3. It was a Dream［一个梦］……………… 考恩（J. H. Cowen）
　　刘曼萝女士

4. O, Bid Your Faithful Ariel Fly, from "The Tempest"
   [《暴风雨》之"吩咐你忠实的爱丽儿飞去"]
   ·················· 托马斯·林利（T. Linley）
   黄梅贞女士

5. What am I, Love, Without Thee?
   [失去你，爱人，我会怎样] ·············· 亚当斯（S. Adams）
   于世沆君

6. The Green Trees Whispered Low and Mild [绿树微吟]
   ·················· 巴尔夫（Balfe）
   黄云彩女士

7. I Love Thee [我爱你] ·················· 格里格
   Mr. Igor Adamowich [伊戈尔·阿达莫维奇先生]

8. Ah! Non credea mirati, from "La Sonnambula"
   [歌剧《梦游女》咏叹调"花啊，你竟匆匆凋谢了"]
   ·················· 贝利尼
   常文彬女士

9. Duet: Home to our mountains
   [二重唱"我们在山中的家"]
   ·················· 威尔第
   陈玠女士，胡然君

喻宜萱女士及劳景贤君歌乐会

二十二年五月十二，十三晚八时 [1933年]

第一部

Songs in Italian [意大利文歌曲]

1. At Last Hope's Cheering Ray from Semiramide
   [歌剧《赛密拉米德》咏叹调"希望终于显现"]
   ·················· 罗西尼
   喻宜萱女士

2. Moonlit Night ［月明之夜］

　　……………… 赛斯来特－多达（A. Seismit-Doda）
劳景贤先生

Songs in German ［德文歌曲］

3. a) Ein Schwan ［天鹅］………………………… 格里格
　 b) Ständchen ［小夜曲］ ………… 里夏德·施特劳斯
　　喻女士

Song in French ［法文歌曲］

4. Song of Provence ［普罗旺斯之歌］

　　……………………… 德拉夸（E. Dell'Acqua）
劳先生

Songs in Chinese ［中文歌曲］

5. a) 日落西山 At Sunset ……………………… 胡周淑安
　 b) 妖王 The Erl King ［魔王］………… 舒伯特　胡宣明译
　　喻女士
6. a) 印度一歌 A Song of India ［印度之歌］

　　……………… 里姆斯基－科萨科夫　胡宣明译
　 b) 教我如何不想他？How Can I Help Thinking of Her? …

　　……………………… 赵元任作曲胡周淑安编合唱

Mr. Lao Tenor Obbligato with Chorus ［合唱，劳先生任男高音独唱］
Miss L. T. How at the Piano ［钢琴伴奏 L. T. How 女士］
Conductor-Mrs. S. M. Woo ［指挥胡周淑安先生］

第二部

Songs in English ［英文歌曲］

1. O'Tis a Glorious Sight to See from "Oberon"
　　［歌剧《奥伯龙》之"多么怡人的景色"］………… 韦伯
　劳先生
2. Bird Songs ［鸟之歌］ ……… 莉莎·勒曼（Liza Lehmann）
　 a) The Wren ［鹪鹩］
　 b) The Owl ［枭］

  c）The Starling ［椋鸟］
   喻女士
 3. A Lover in Damascus ［大马士革的恋人］
  ………… 艾米·伍德福德-芬登（A. Woodforde-Finden）
  a）Far Across the Desert Sands ［穿过沙漠］
  b）How Many a Lonely Caravan ［孤独的商队］
  c）If in the Great Bazaars ［大市场上］
   劳先生
 4. Welcome！Sweet Wind ［欢迎，和风］
  ………………………… 查尔斯·卡德曼（C. W. Cadman）
  喻女士

第三部

Selections from Lucia di Lammermoor（in Italian）
［歌剧《拉美莫尔的露契亚》选段（意大利文演唱）］
 ………………………………………………… 多尼采蒂

1）Recitative-Tombe degl'avi miei
 ［宣叙调"这是我家族的墓地"］
 Cavatina-Fra Poco a me ricovero
 ［谣唱曲"不久将被人埋葬"］
 劳先生

2）Duet-Sulla tomba che rinserra Verranno a te sull'aura
 ［二重唱"我的叹息将随风飘去"］
 常文彬女士与胡然先生

3）Mad Scene-Il dolce suono Spargi d'amaro Pianto
 ［发疯场景"亲切的细语"］
 喻女士

4）The Wedding Chorus – Per te d'immenso giubilo
 ［婚礼合唱］
 合唱队，男高音独唱胡然先生

5）Sextet with Chorus – Chi me frena
　　[六重唱与合唱"是谁在阻挠"]
　　喻、常女士，胡、戴、徐、劳先生与合唱队
　　L. T. How　女士钢琴伴奏
　　胡周淑安先生指挥

　　合唱队
　　常文彬女士　　黄云彩女士　　刘曼萝女士　　萧嘉惠女士
　　狄润君女士　　黄梅贞女士　　何慧如女士　　陈　玠女士
　　夏璐敏女士　　王大乐女士　　胡　然君　　　胡静翔君
　　戴粹伦女士　　于世沆君　　　胡　投君　　　徐北溟君
　　何炳文君　　　俞普庆君

本校第一届毕业生音乐会

二十二年六月二十二晚九时假座青年会礼堂举行 [1933 年]

第一部

Sonata，Op. 90，No. 27 1st Movemont 模范大曲第一章
[第27奏鸣曲第1乐章] ················· 贝多芬
　　裘复生
Nocturne in C Sharp Minor 夜曲 [#c 小调夜曲] ············· 肖邦
Etude，Op. 10，No. 12 [练习曲] ··················· 肖邦
　　李献敏
Pénitence 忏悔 ······························· 贝多芬
Ein Schwan [天鹅] ····················· 格里格
　　喻宜萱
Prelude in G Minor 序曲
　　[g 小调前奏曲] ····················· 拉赫玛尼诺夫
Nocturne in D Flat Major 夜曲
　　[bD 大调夜曲] ·························· 肖邦

Rakotczy［应为 Rakoczy］March 匈牙利进行曲
［拉科西进行曲］…………………………………… 李斯特
　　　裘复生

Concerto in G Minor 2nd and 3rd Movements 音乐会曲第二，
第三章［g 小调协奏曲第 2、第 3 乐章］…………… 圣桑
　　　李献敏

第二部

Concerto in E Minor 1st Movement 音乐会曲第一章
［e 小调协奏曲第 1 乐章］…………………………… 肖邦
　　　裘复生

Three Bird Songs［鸟之歌三首］…… 利莎·勒曼（L. Lehmann）
　　　The Wren 鹪鹩
　　　The Owl 枭
　　　The Starling 椋鸟
　　　喻宜萱

November（Troika）雪橇 …………………………… 柴科夫斯基

Fire Dance 火舞［火祭舞］………………………… 法利亚
　　　李献敏

Il dolce Souno（Mad Scence）疯狂之一幕
from Lucia de Lammermoor［歌剧《拉美莫尔的露契亚》
之"发疯的场景"］………………………………… 多尼采蒂
　　　喻宜萱

Suite for Two Pianos［双钢琴组曲］……………… 阿连斯基
　　　Romance 传奇曲［浪漫曲］
　　　Valse 旋转舞［圆舞曲］
　　　李献敏　裘复生二君

钢琴组第一届毕业考试

（甲）第一次高级考试节目单

二十二年三月三十日　星期四下午三时举行［1933 年］

1. Italian Concerto，1st movement ［意大利协奏曲第 1 乐章］
   .... J. S. 巴赫
2. Thirty-Two Variations ［32 首变奏曲］ .... 贝多芬
3. Nocturne，Op. 27，No. 1 ［夜曲］.................... 肖邦
4. Soirée de Vienne ［维也纳之夜］ .... 舒伯特－李斯特
5. Golliwogg's Cake Walk ［丑黑怪步态舞］ .... 德彪西
   本科李献敏女士
1. Toccata and Fugue in D minor
   ［d 小调托卡塔与赋格］................................. 巴赫－陶西格
2. Sonata，Op. 90，1st movement
   ［奏鸣曲 Op. 90 第 1 乐章］............................ 贝多芬
3. Prelude in G minor ［g 小调前奏曲］ .... 拉赫玛尼诺夫
4. Nocturne in D Flat Major，Op. 27，NO, 2
   ［♭D 大调夜曲］... 肖邦
5. Rakotczy ［应为 Rakoczy］ March ［拉科西进行曲］...... 李斯特
   选科裘复生君

（乙）第二次高级考试节目单

二十二年六月五日下午三时［1933 年］

1. Concerto in G minor 2nd and 3rd movements
   ［g 小调协奏曲第 2、3 乐章］................................. 圣桑
   本科李献敏女士
2. Concerto in E minor 1st movement
   ［e 小调协奏曲第 1 乐章］.................................... 肖邦
   选科裘复生君

本校学生特别演奏会

二十二年十月十一晚八时在南京金陵女子文理学院［1933年］

第一部

1. 弦乐合奏：
    Overture to the Opera Belomt and Constance
    ［歌剧《贝尔蒙特与康斯坦茨》序曲］……………莫扎特
    指挥：戴粹伦君
2. 独唱：
    a）南飞之雁语（易韦斋词）……………………萧友梅
    b）I Attempt from Love's Sickness to Fly
    ［我试逃避爱情的痛苦］……………………珀塞尔
    满福民君
3. 大提琴独奏：
    a）Andante from Concerto No. 2
    ［第 2 协奏曲之行板］
    ……………………………………克伦格尔（Klengel）
    b）Gavotte ［加伏特舞曲］
    ……………………………………波佩尔（Popper）
    张贞黻君
4. 独唱：
    a）关不住了（胡适词）……………………胡周淑安
    b）Ave Maria ［圣母颂］……………………古诺-巴赫
    常文彬女士（戴粹君小提琴助奏）
5. 女声复音：
    a）茶花女中之饮酒歌（刘半农词）……………赵元任
    b）二部合唱 Come and Trip It ［来跳舞吧］
    ……………………………………卡迈克尔（Carmichael）
    喻宜萱，常文彬，王大乐，杨淑英女士

6. 三部合奏：

   Trio［三重奏］……………………… 克伦格尔（Klengel）

   胡静翔君，劳冰心女士，丁善德君

7. 混合四部合唱：

   a) 国庆歌 ……………………………………… 萧友梅

   b) Come Where the Lilies Bloom

   　　［到百合盛开的地方来］…………… 汤姆森（Thomson）

第二部

1. 弦乐合奏：

   Coronation March from the Opera "The Prophet"

   ［歌剧《先知》之加冕进行曲］………………… 迈耶贝尔

   指挥：戴粹伦君

2. 独唱：

   a) The Message of the Butterfly［蝴蝶的口信］

   　　………………………………………… 巴恩斯（Barnes）

   b) 大江东去（苏轼词）……………………………廖青主

   　　华文宪君

3. 钢琴独奏：

   a) Troika-Fahrt［雪橇］………………………柴科夫斯基

   b) Valse in E Minor［e 小调圆舞曲］………………肖邦

   c) Hungarian Rhapsody No. 6

   　　［第 6 号匈牙利狂想曲］………………………李斯特

   李献敏女士

4. 独唱：

   a) 玫瑰三愿（龙七词）……………………………… 黄自

   戴粹伦君小提琴助奏

   b) Mad Scene "Il dolce suono" from the Opera "Lucia di Lammermoor"

   　　［歌剧《拉美莫尔的露契亚》之发疯的场景］…… 多尼采蒂

   喻宜萱女士

5. 小提琴独奏：
   a) Romanza［浪漫曲］
      ………… 斯文森（Svenderson［可能是 Svendson？］）
   b) Schoen Rosmarin［美丽的罗丝玛琳］
      ………………………………………… 克莱斯勒（Kreisler）
   戴粹伦君
6. 弦乐四部：
   Sonata［弦乐四重奏：奏鸣曲］ ……… 科雷利（Corelli）
   刘蕙佐，陈又新，张贞戴君，李献敏女士
7. 四部合唱：
   a) 男声四部：九一八战歌（曹索仁词）
      ………………………… 劳景贤作调　周淑安和声
   b) 同胞们（胡宣明词）………………………… 周淑安

第二十二次学生演奏会

十一月十三日晚七时半在本院礼堂［1933 年］

第一部

1. 钢琴独奏：
   Impromrtu E Flat Major［^{b}E 大调即兴曲］
   ………………………………………………………… 舒伯特
   Miss M. Erkku［M. 埃尔库女士］
2. 独唱：
   By the Water of Minnetonka［明尼通卡湖畔］
   ………………………………… 利厄伦斯（Lieurance）
   孙德志女士（戴粹伦君提琴助奏）
3. 大提琴独奏：
   Elegie［悲歌］………………………… 波佩尔（Popper）
   李炳星君

4. 独唱：
   Auf Flügeln des Gesanges［乘着歌声的翅膀］
   ·· 门德尔松
   周遇春君
5. 小提琴独奏：
   Student's Concerto No. 3［第 3 学生协奏曲］
   ··· 西特（Sitt）
   张舍之君
6. 钢琴独奏：
   a) Barcarolle［船歌］ ············· 哈伯比尔（Haberbier）
   b) Pantomime［哑剧］ ······ 莫什科夫斯基（Moszkovsky）
   钱琪女士

第二部

1. 钢琴独奏：
   Concerto D Minor, 1st Movement
   ［d 小调协奏曲第 1 乐章］················ 莫扎特
   Miss Tamara Markittant［塔玛拉·马奇丹女士］
2. 独唱：
   Caro mio ben［我亲爱的］
   ·· 焦尔达尼（Giordani）
   丁善德君
3. 钢琴独奏：
   a) Prelude［前奏曲］ ···················· 拉赫玛尼诺夫
   b) Sonate E Minor, 1st Movement
   ［e 小调奏鸣曲第 1 乐章］··················· 格里格
   易开基君
4. 独唱：
   Where'er You Walk［无论你走到何处］
   ·· 亨德尔
   蔡绍序君

5. 钢琴独奏：
   a) Gavotte［加伏特舞曲］………………………… 勃拉姆斯－格鲁克
   b) Invitation to the Dance［邀舞］………………………… 韦伯
   唐珊贞女士
6. 独唱：
   a) Oh That We Two Were Maying［我们两个在春天摘花］
   ………………………………………………… 内文（Nevin）
   b) Now's the Time to Love［现在是恋爱的时候］
   ………………………………………………………… 古诺
   杨淑英女士
7. 钢琴独奏：
   a) Liebestraum［爱之梦］………………………… 李斯特
   b) La Campanella［钟］………………………… 李斯特
   Miss Fausta Saharova

第二十三次学生演奏会

十一月十六日晚七时半本校礼堂［1933 年］

第一部

1. 弦乐合奏：
   1st Overture［第 1 序曲］………………………… 格鲁克
   指挥：佘先生
2. 钢琴独奏：
   a) Rêverie［幻梦］………………………… 德彪西
   王春元君
   b) Prelude B Flat Major［^{b}B 大调前奏曲］………… 肖邦
   Troika［雪橇］………………………… 柴科夫斯基
   唐民贞女士

3. 独唱:
   Avant de Quitter ces Lieux [离开之前] ················ 古诺
   满福民君
4. 琵琶独奏:
   旋转曲(Ronde) ································ 朱英
   吴和瘁君
5. 钢琴独奏:
   a) Humoresque, Op. 6 [幽默曲] ············ 格里格
      胡投君
   b) Prelude [前奏曲] ······················ 居伊(Cui)
      潘莲雅女士(皮谷华夫人班)
6. 独唱:
   a) Ah, Fors'è Lui from "La Traviata"
      [歌剧《茶花女》咏叹调]·················· 威尔第
   b) Love's a Merchant [黄金恋爱]
      ·················· 玛莉·卡鲁(Mally Carew)
      常文彬女士
7. 钢琴独奏:
   a) Sonata No. 1, 1st Movement
      [第1奏鸣曲第1乐章]·················· 贝多芬
   b) Nocturne in F Minor [f小调夜曲]
      ·································· 肖邦
      杨体烈君
8. 长笛独奏:
   a) Pharaoh's Daughter [法老的女儿]
      ·························· 恰尔迪(Ciardi)
      叶怀德君
      弦乐队伴奏(指挥:佘先生)
   b) 弦乐合奏: Meditation [沉思]
      ································ 马斯内
      戴粹伦君小提琴独奏

159

c）Military March［军队进行曲］……………舒伯特
　　　指挥：佘先生

第二部

1. 大合唱：
　　a）Send Out Thy Light［灵光照耀］……………古诺
　　b）Graduale (From Requiem)
　　　［《安魂曲》之"升阶经"］……………凯鲁比尼
　　c）Sanctus［《安魂曲》之"圣哉经"］………凯鲁比尼
　　　指挥：舍夫人［舍利华诺夫夫人（Mrs. Selivanoff）］
2. 琵琶独奏：
　　郁轮袍………………………………………………王维
　　谭小麟君
3. 钢琴独奏：
　　a）Nocturne 夜曲 ……………………………肖邦
　　　何惠仙女士
　　b）Vanished Days［消失的时光］……………格里格
　　　Etude［练习曲］……………………………门德尔松
　　　陈玠女士
4. 独唱：
　　Rage, Thou Angry Storm!［肆虐吧，你狂怒的风暴］
　　……………………………本尼迪克特（Benedict）
　　马国霖君
5. 钢琴独奏：
　　Invitation to the Dance［邀舞］………………韦伯
　　江定仙君
6. 独唱：
　　"Il mio tesoro intanto" from Don Giovanni
　　［歌剧《唐乔瓦尼》咏叹调"我心爱的宝贝"］
　　………………………………………………………莫扎特
　　胡然君

7. 钢琴独奏：

   Concerto C Minor, 1st Movement

   ［c 小调协奏曲第 1 乐章］………………………… 贝多芬

   何端荣女士

8. 小提琴独奏：

   Concerto No. 22, 1st Movement

   ［第 22 协奏曲第 1 乐章］………………… 维奥蒂（Viotti）

   戴粹伦君

9. 钢琴独奏：

   a) Nocturne ［夜曲］…………………………………… 肖邦

   b) Perpetuum mobile ［无穷动］……………………… 韦伯

   Miss Helen Gora ［海伦·过拉女士］

本校六周纪念音乐会节目单

廿二年十一月廿十七日晚八时在青年会举行 ［1933 年］

第一部

1. 弦乐合奏：

   a) Overture "Iphigenie in Aulis" 前奏曲

   ［歌剧《伊菲姬尼在奥利德》序曲］ ………… 格鲁克

   b) 长笛独奏 Pharoah's Daughter 花罗公主

   ［法老的女儿］………………………… 恰尔迪（Ciardi）

   叶怀德君　弦乐队伴奏

   指挥：佘先生

2. 独唱：

   a) Ah, Fors'è Lui from "La Traviata" …………… 威尔第

   ［歌剧《茶花女》咏叹调］

   b) Love's a Merchant 黄金恋爱

   ………………………… 玛莉·卡鲁（Mally Carew）

   常文彬女士

3. 琵琶独奏：

    郁轮袍（说明见后） ················· 王维

    谭小麟君

4. 钢琴独奏：

    a）Prelude B Flat Major 序曲 [♭B 大调前奏曲]

    ··································· 肖邦

    Troika 雪橇 ················· 柴科夫斯基

    唐民贞女士

    b）Sonata Op. 2，No. 1，1st Movement 第一模范大曲首章 [第 1 奏鸣曲，Op. 2，No. 1，F 大调，第 1 乐章]

    ································· 贝多芬

    杨体烈君

5. 大提琴独奏：

    a）Andante from Concerto No. 3 第三音乐会曲行板 [第 3 协奏曲行板] ·········· 戈尔特曼（Goltermann）

    b）La Cinquantaine 金婚

    ················ 加布里埃尔－玛丽（Gabriel-Marie）

    张贞黻君

6. 钢琴独奏：

    a）Nocturne 夜曲 ···················· 肖邦

    b）Perpetuum mobile 流水 [无穷动] ········· 韦伯

    Miss H. Gora [过拉女士]

7. 独唱：

    a）Aria from Carmen

    [歌剧《卡门》咏叹调] ·············· 比才

    b）Thou Art My Peace 你是我的安慰 ······· 舒伯特

    华文宪君

8. 钢琴独奏：

    Concerto C Minor，1st Movement ········ 贝多芬 音乐会曲首章 [c 小调协奏曲第 1 乐章]

    何端荣女士

第二部

1. 弦乐合奏：
   a）Military March 进行曲［军队进行曲］
   .... 舒伯特
   b）Meditation（Thais）沉思［选自歌剧《黛依丝》］
   .... 马斯内
   戴粹伦君独奏
   指挥：佘先生
2. 独唱：
   a）Where'er You Walk［无论你走到何处］......... 亨德尔
   蔡绍序君
   b）Avant de Quitter ces Lieux［离开之前］.......... 古诺
   满福民君
3. 钢琴独奏：
   Sonata E Minor，1st Movement 模范大曲，首章
   ［e 小调奏鸣曲第 1 乐章］................ 格里格
   易开基君
4. 独唱：
   "Il mio tesoro intanto" from Don Giovanni
   ［歌剧《唐乔瓦尼》咏叹调"我心爱的宝贝"］... 莫扎特
   胡然君
5. 钢琴独奏：
   Two Etudes，Op. 10，Nos. 9，12 .... 肖邦
   ［练习曲 Op. 10 之第 9，12 首］
   丁善德君
6. 小提琴独奏：
   Concerto No. 22，1st Movement 第二十二音乐会曲首章
   ［第 22 协奏曲第 1 乐章］
   .... 维奥蒂（Viotti）
   戴粹伦君　江定仙君伴奏

7. 钢琴独奏：
   a) Liebestraum 爱之梦 ·················· 李斯特
   b) La Campanelle 铃声［钟］··············· 李斯特
      Miss F. Saharova［萨哈罗华女士］
8. 大合唱：
   a) Send Out Thy Light 灵光照耀 ············ 古诺
   b) Graduale（From "Reguiem"）谏乐两节
      [《安魂曲》"之升阶经"]
      ································· 凯鲁比尼
   c) Sanctus（From "Requiem"）
      [《安魂曲》之"圣哉经"]················ 凯鲁比尼
      舍夫人指挥

    郁轮袍说明 唐王维作曲

1. 营鼓　　5. 二点将　　9. 四面楚歌　　13. 追兵
2. 升账　　6. 出阵　　　10. 败阵卸甲　　14. 逐骑
3. 点将　　7. 接战　　　11. 鼓角甲声　　15 众军归里
4. 整队　　8. 大战（马嘶声）12. 出围

第二十四次学生演奏会

十二月十四日晚八时本院礼堂［1933 年］

1. 独唱：
   a) Am I Forgotten？我被遗忘了吗？
      ················ 爱德华·圣昆廷（Ed. St. Quentin）
   b) The Lass of Richmond Hill 村姑
      ···················· 詹姆斯·胡克（James Hook）
      [里士满山的少女]
      黄云彩女士

2. 钢琴独奏：
   Rêverie 幻梦 ················· 德彪西
   陈蓉馨女士
3. 独唱：
   O，Pure and Tender Star of Eve 晚星 ············ 瓦格纳
   马国霖君
4. 钢琴独奏：
   Rustle of Spring 春声 ··············· 辛丁（Sinding）
   刘倦驰君
5. 独唱：
   a) Absent 伊人何处 ················ 梅特卡夫（Metcalf）
   b) Duna ···················· 麦吉尔（McGill）
   斯义桂君
6. 大提琴独奏：
   Andante 行板 ················· 佩尔戈莱西
   夏国琼女士
7. 独唱：
   a) Still wie die Nacht 清静如夜 ············ 博姆（Bohm）
   b) 窗前秋去桐犹绿（词录后） ············ 满谦子
   满福民君
8. 独唱：
   a) Noon at the Village 村中的正午 ····· 托马斯（Thomas）
   狄润君女士
   b) Have I Lost Thee? from "Orfeo"
   ［歌剧《奥菲欧》咏叹调"我失去你了吗？"］
   ···················· 格鲁克
   王大乐女士
9. 钢琴独奏：
   Capriccio Brillant 响亮的杂感
   ［辉煌随想曲］ ················ 门德尔松
   巫一舟君

窗前秋去桐犹绿　　　满谦子撰词

屈指数秋来，弹指惊秋去。
窗前绿叶桐，还想和秋住。
秋若有情应解语，莫教梧桐相思苦。
江边月，山前雨，不知哪儿是秋归处？

第二十五次学生演奏会

二十三年五月八日下午八时本校礼堂［1934年］

第一部

1. 弦乐合奏：

    Concerto da chiesa ［教堂协奏曲］

    ································· 阿巴科（F. Abaco）

    Andante-Largo ［行板－广板］

    Allegro ［快板］

    Largo ［广板］

    Allegro spiccato ［断奏的快板］

    指挥：佘先生

2. 钢琴独奏：

    Sonata C Minor 模范大曲 ［c 小调奏鸣曲］

    ·· 莫扎特

    冷雪瑶女士

3. 独唱：

    a）I Passed By Your Window 我经过你的窗前

    ···························· 布拉厄（Brahe）

    b）Dawn Song 晓歌 ············· 布拉厄（Brahe）

    周遇春君

4. 钢琴独奏：

    a）Nocturne Op. 72，No. 1 夜曲 ············ 肖邦

b）Presto 最快板［急板］……………… 拉赫玛尼诺夫
　　Miss Helen Kushnareff［海伦·柯殊那莱夫女士］
5. 琵琶独奏：
　　普庵咒………………………………………… 唐僧段师
　　谭小麟君
6. 钢琴独奏：
　　a）Barcarolle 棹歌［船歌］
　　　　………………………… 沙尔文卡（Scharvenka）
　　b）Menuetto 小步舞
　　　　………………………… 莫什科夫斯基（Moszkovsky）
　　刘悦意女士
7. 小提琴独奏：
　　a）Concerto No. 23，1st Movement 第廿三音乐会曲首章
　　　［第 23 协奏曲第 1 乐章］
　　　　………………………………………… 维奥蒂（Viotti）
　　张舍之君
　　b）Minuett，E flat Major 小步舞
　　　［ᵇE 大调小步舞曲］………………………………… 贝多芬
　　Mr. Boris Markitant［鲍里斯·马奇丹先生］

第二部

1. 二钢琴合奏：
　　3 fragments from Ma mère l'Oye 联曲
　　［《鹅妈妈》组曲之三段］…………………………… 拉威尔
　　唐珊贞唐民贞女士
2. 独唱：
　　My Abode 我的住所 ……………………………… 舒伯特
　　王大乐女士
3. 钢琴独奏：
　　Fantasie-Impromptu 即席幻想曲［即兴幻想曲］ …… 肖邦
　　巫一舟君

4. 大提琴独奏：

    Andante 行板 ················· 佩尔戈莱西

    夏国琼女士

5. 长笛独奏：

    Fantasie Brillante sur l'Opera "Faust" de Gounod

    ［古诺歌剧《浮士德》主题华丽幻想曲］······ 波普（Popp）

    叶怀德君

6. 钢琴独奏：

    Le rappee des oiseaux 鸟语 ············· 拉莫

    La poule 母鸡 ···················· 拉莫

    Etude ［练习曲］················· 阿连斯基

    何端荣女士

第二十六次学生演奏会

二十三年五月十二日晚八时本校礼堂 ［1934 年］

第一部

1. 三部合奏：

    Intermezzo from L'Arlésienne　插曲

    ［《阿莱城的姑娘》间奏曲］············ 比才 - 克莱斯勒

    夏璐敏，夏国琼，何端荣女士

2. 琵琶独奏：

    郁轮袍·························· 王维

    陈恭则君

3. 钢琴独奏：

    Nocturne，Op. 9. No. 2 夜曲 ············ 肖邦

    王春元君

4. 独唱：

    a）催命鬼与女孩 Death and the Maiden

    　　［死神与少女］················· 舒伯特

b）The Stormy Morning 风雨之晨……………… 舒伯特
　　　吕展青君
5. 钢琴独奏：
　　a）Gondellied 摇船歌［贡多拉船歌］
　　　　………………………………… 哈伯比尔（Haberbier）
　　b）Butterfly 蝶 ………………… 斯平德勒（Spindler）
　　　李毓瑾女士
6. 大提琴独奏：
　　a）Andante from Concerto No. 5 第五音乐会曲行板
　　　　………………………………… 戈尔特曼（Goltermiann）
　　b）Allegro from Fairy Tales 神仙述异曲，快板
　　　［童话故事的快板］……………………… 斯夸尔（Squire）
　　　彭启基君
7. 独唱：
　　E Lucevan le Stelle ⎫
　　O Dolci Mani... ⎬ from Tosca
　　［歌剧《托斯卡》选段］………………………… 普契尼
　　蔡绍序君
8. 钢琴独奏：
　　Concerto C Minor, 1st Movement 音乐会曲首章
　　［c 小调协奏曲第 1 乐章］…………………… 莫扎特
　　唐珊贞女士

第二部

1. 钢琴独奏：
　　a）Forget-me-not 琉璃草 ………………… 阿连斯基
　　b）Organ Prelude 风琴序曲［管风琴前奏曲］
　　　　………………………… 巴赫－济洛季（Siloti）
　　陈玠女士
2. 独唱：
　　a）Serenade 夜歌［小夜曲］……………………… 古诺

b) Elégie 挽歌［悲歌］·································· 马斯内
      孙德志女士

3. 钢琴独奏：
   a) Romance, Op. 28, No. 2 传奇曲
      ［浪漫曲］···································· 舒曼
   b) Novelette, Op. 21, No. 1 ［新事曲］·········· 舒曼
      唐明汉君

4. 小提琴独奏：
   Concerto No. 5 in A, 1st Movement, with Cadenza
   第五音乐会曲首章
   ［A 大调第 5 协奏曲第 1 乐章及华彩段］·········· 莫扎特
   胡静翔君

5. 钢琴独奏：
   a) Aux champs 在田野中 ·························· 格里埃尔
   b) Ballade 序事诗 ［叙事曲］····················· 格里埃尔
   c) Arlequin 小丑 ································· 格里埃尔
      何汉心女士

6. 长笛独奏，弦乐队伴奏：
   匈牙利狂想曲 Rhapsodie Hongroise ············ 波普（Popp）
   独奏：叶怀德君
   指挥：佘先生

第二十七次学生演奏会

二十三年五月十四日晚八时本校礼堂 ［1934 年］

第一部

1. 钢琴独奏：
   a) The Harmonious Blacksmith 和谐的铁匠········ 亨德尔
   b) Ecossaise 苏格兰舞 ···························· 贝多芬
      钱琪女士

2. 独唱：
    a）O That Thou Hadst Hearkened［你已倾听了］
        .... 萨利文
    b）My Mother Bids Me Bind My Hair
        ［母亲叫我把头发束起来］.......................... 海顿
        凌安娜女士
3. 钢琴独奏：
    a）Plainte 诉怨
        .... 格列恰尼诺夫（Gretchaninoff）
        周晢霖女士
    b）Sari［莎丽］.. 阿连斯基
        邵家光君
    c）Prelude 序曲［前奏曲］...................... 阿连斯基
        洪达琦女士
4. 独唱：
    Aria from "Il Travatore"［《游吟诗人》咏叹调］
    .... 威尔第
    满福民君
5. 钢琴独奏：
    Concerto C Major, 1st Movement 音乐会曲首章
    ［C 大调协奏曲第 1 乐章］.......................... 贝多芬
    易开基君

第二部

1. 钢琴独奏：
    Hungarian Rapsody No. 12 匈牙利狂想曲............. 李斯特
    丁善德君
2. 独唱：
    Hear Me Ye Winds and Waves［狂风巨浪听我诉说］
    .... 亨德尔
    斯义桂君

3. 钢琴独奏：
   a) Nocturne Op. 32, No. 1 夜曲 ························ 肖邦
   b) Spinning Song 纺纱曲 ························ 门德尔松
   夏国琼女士
4. 独唱：
   Vesti la Giuba from Pagliacci ［歌剧《丑角》咏叹调］
   ·· 莱翁卡瓦洛
   华文宪君
5. 钢琴独奏：
   a) Pavane 西班牙古舞 ［帕凡舞曲］
   ·· 拉威尔
   b) Valse 旋转舞 ［圆舞曲］
   ···································· 利亚多夫（Liadoff）
   Miss Helen Gora ［海伦·过拉女士］
6. 大合唱：
   a) The Lost Chord 失去的和音 ［失落的和弦］
   ·· 萨利文
   b) Toreador Song from Carmen
   ［歌剧《卡门》之"斗牛士之歌"］················ 比才
   满福民君独唱
   指挥：应尚能先生

第五次学生音乐会节目单

二十三年五月二十三晚八时假座青年会礼堂 ［1934 年］

第一部

1. 弦乐合奏：
   Concerto da chiesa ［教堂协奏曲］
   ································ 阿巴科（F. Abaco）
   指挥：佘先生（Prof. I. Shevtzoff）

2. 钢琴独奏：
   a）Le rapel des oiseaux 鸟语……………………拉莫
   b）La poule 母鸡 ……………………………拉莫
   何端荣女士
   c）Organ Prelude 风琴序曲［管风琴前奏曲］
   ………………………… 巴赫－济洛季（Siloti）
   陈玠女士
3. 独唱：
   Hear Me Ye Winds and Waves［狂风巨浪听我诉说］
   …………………………………………… 亨德尔
   斯义桂君
4. 小提琴钢琴合奏：
   Sonata in G 1st Movement 模范大曲首章
   ［G 大调奏鸣曲第 1 乐章］…………………格里格
   戴粹伦君，李献敏女士
5. 钢琴联奏：
   Two Fragments from Ma mère l'Oye 联曲二段
   ［《鹅妈妈》组曲两段］……………………拉威尔
   唐珊贞，唐民贞女士
6. 独唱：
   Vissi D'Arte，Vissi D'Amore from Tosca
   ［《托斯卡》咏叹调"为了艺术，为了爱情"］
   ………………………………………………普契尼
   孙德志女士
7. 大提琴独奏：
   Andante 行板 ………………………… 佩尔戈莱西
   夏国琼女士
8. 独唱：
   The Wanderer 流浪人
   ［流浪者之歌］……………………………… 舒伯特
   马国霖女士

9. 钢琴独奏：

　　Concerto C Major, 1st Movement 音乐会曲第一章

　　［C 大调协奏曲第 1 乐章］ ………………………… 贝多芬

　　易开基君

10. 长笛独奏，弦乐队伴奏：

　　Rhapsodie Hongroise 匈牙利狂想曲 ………… 波普（Popp）

　　独奏：叶怀德君

　　指挥：佘先生

第二部

1. 三部合奏：

　　Intermezzo from L'Aresienne 插曲

　　［《阿莱城的姑娘》间奏曲］……………… 比才 - 克莱斯勒

　　夏璐敏，夏国琼，何端荣女士

2. 琵琶独奏：

　　普庵咒……………………………………………… 唐僧段师

　　谭小麟君

3. 钢琴独奏：

　　Concerto C Minor, 1st Movement 音乐会曲第一章

　　［c 小调协奏曲第 1 乐章］ …………………………… 莫扎特

　　唐珊贞女士

4. 独唱：

　　Aria from ll Travatore［《游吟诗人》咏叹调］…… 威尔第

　　满福民君

5. 钢琴独奏：

　　a）Pavane 西班牙古舞［帕凡舞曲］……………… 拉威尔

　　b）Valse 旋转舞［圆舞曲］ ………… 利亚多夫（Liadoff）

　　c）Etude［练习曲］………………………………… 肖邦

　　　Miss Helen Gora［海伦·过拉女士］

6. 独唱：

   "Celeste Aida" from Aida［《阿依达》咏叹调"圣洁的阿依达"］ ················· 威尔第

   胡然君

7. 钢琴独奏：

   Hungarian Rhapsody No. 12 匈牙利狂想曲 ············ 李斯特

   丁善德君

8. 合唱：

   a) The Lost Chord 失去的和音［失落的和弦］

   ··· 萨利文

   b) Crucifixion［康塔塔《耶稣受难记》］

   ·· 斯坦纳（Stainer）

   (8) And as Moses Lifted Up the Serpent［"摩西举起大蛇"］

   (9) God So Loved the World［"上帝爱世人"］

   独唱：满福民君

   指挥：应尚能先生

本校教员音乐会节目单

民国二十三年十月二十九日在新亚酒店大礼堂［1934 年］

第一部

1. D 大调弦乐四部合奏［D 大调弦乐四重奏］············ 莫扎特

   Allegro Moderato［中庸的快板］

   Andate［行板］

   Molto allegro［极快的快板］

   法利国（A. Foa），戴粹伦，介楚士奇（R. W. Gerzovsky），佘甫磋夫（I. Shevtzoff）先生

2. 钢琴独奏：

   a) Cadenza from the Symphonic Ballade

   ［《交响叙事曲》华彩乐段］······ 欧萨可夫（Aksakov）

b）Etude［练习曲］·················· 欧萨可夫（Aksadov）
　　欧萨可夫先生
　　（Mr. S. Aksakov）

3. 独唱：
　　a）Rodelinda［罗德琳达］····························· 亨德尔
　　b）In Questa Tomda Oscura［在此昏暗的坟墓中］
　　　　··· 贝多芬
　　克利罗华夫人（Mme. M. Krilova）
　　钢琴伴奏：皮谷华［皮利必可华］夫人
　　（Mme. Z. Pribitkova）

4. 大提琴及钢琴模范大曲 Op. 36
　　［a 小调大提琴奏鸣曲 Op. 36］······················ 格里格
　　Allegro Agitato［激动的快板］
　　Andante［行板］
　　Allegro［快板］
　　佘甫磋夫，查哈罗夫先生
　　（Messrs. I. Shevtazoff and B. Zakharoff）

第二部

5. 琵琶独奏：
　　a）淞沪血战 ··· 朱英
　　b）浔阳夜月 ··· 唐曲
　　朱英先生

6. 独唱：
　　a）Wohin［何处去］······································ 舒伯特
　　b）Wanderers Nachtlied［流浪者的夜歌］········ 舒伯特
　　c）Who is Sylvia［谁是西尔维亚］················· 舒伯特
　　d）Hark! Hark! the Lark［听，听，云雀］
　　　　··· 舒伯特
　　应尚能先生
　　钢琴伴奏：查哈罗夫先生（Mr. B. Zakharoff）

7. 钢琴独奏：
    a) Nocturne in F-sharp major［#F 大调夜曲］
       .... 肖邦
    b) Etude in F minor Op. 32［f 小调练习曲 Op. 32］
       .... 拉赫玛尼诺夫
    c) Etude in F major［F 大调练习曲］
       .... 利亚多夫
    d) Prelude in G-sharp minor［#g 小调前奏曲］
       .... 拉赫玛尼诺夫
    e) Poeme in D Minor［d 小调交响诗］......... 斯克里亚宾
       拉扎雷夫先生(Mr. B. M. Lazareff)
8. 长笛独奏：
    Concerto in D major［D 大调协奏曲］............... 莫扎特
    Allegro［快板］
    Andante［行板］
    Allegro［快板］
    史丕烈先生（Mr. A. Spiridonoff）
    钢琴伴奏查哈罗夫先生（Mr. B. Zakharoff）

本校第二十八次学生演奏会节目单

民国二十三年十月二十五日在本校礼堂［1934 年］

第一部

1. 弦乐合奏：
    Overture Egmont 前奏曲［爱格蒙特序曲］............ 贝多芬
    Elsas Brautzug from Lohengrin
    ［歌剧《罗恩格林》之"埃尔莎的婚礼行列"］
    .... 瓦格纳
    佘先生指挥

2. 独唱：

   Lascia di pianga from Rinaldo

   ［歌剧《里纳尔多》咏叹调］……………… 亨德尔

   陈玠女士

3. 钢琴独奏：

   Variations, F Minor ［f小调变奏曲］………… 亨德尔

   Etude ［练习曲］……………… 沃伦豪普特（Wollenhaupt）

   Mr. V. Hasky ［哈斯基先生］

4. 独唱：

   Little Star, Where Art Thou? ［小星星你在哪儿？］

   ……………………………………………… 穆索尔斯基

   Flower Song, From Carmen ［《卡门》之"花之歌"］

   ………………………………………………………… 比才

   胡然君

5. 琵琶独奏：

   哀水灾曲……………………………………………… 朱英

   1. 暴雨焱风夜——夜景引，大雨，狂风
   2. 横流陷屋时——江堤缺口中，倾屋怒涛
   3. 哀鸿遍野哭——露宿号寒，饥肠欲断
   4. 仙岛几人知——青楼仍弦管，富贵自欢娱

   谭小麟君

6. 钢琴独奏：

   Concerto A Minor, 2nd and 3rd Movements

   ［a小调协奏曲第2、3乐章］……………… 格里格

   Miss Fausta Saharova ［萨哈罗华女士］

第二部

1. 独唱：

   Possenti Numi ……………………………… 莫扎特

   Wide Spread His Name ［他的名声远扬］………… 亨德尔

   斯义桂君

Calm as the Night [宁静如夜]
………………………… 卡尔·博恩（Carl Bohn）
蔡绍序君

2. 大提琴独奏：
   Berceuse 摇篮曲 ……………………… 戈达尔（Godard）
   朱崇志君

3. 钢琴独奏：
   Valse A flat Major 旋转舞 [♭A 大调圆舞曲] ………… 肖邦
   Impromptu No.1 偶成 [第1即兴曲] ………………… 肖邦
   杨体烈君

4. 小提琴独奏：
   Concerto No.8，1st Movement
   [第8协奏曲第1乐章]……………… 罗德（Rode）
   张舍之君

5. 长笛钢琴合奏：
   Sonata G Minor [g 小调奏鸣曲]………… 库劳（Kuhlau）
   a) Allegro non troppo ma con engrgia
      [不过分而有活力的快板]
   b) Adagio sostennto [持重的柔板]
      叶怀德君
      Miss Helen Gora [过拉女士]

6. 钢琴独奏：
   Concerto G Minor，1st Movement
   [g 小调协奏曲第1乐章]………… 莫谢莱斯（Moscheles）
   何端荣女士

本校第二十九次学生演奏会节目单

民国二十三年十一月八日在本校礼堂［1934年］

第一部

1. 钢琴独奏：
    Valse 旋转舞［圆舞曲］
    ··· 肖邦，Op. 64. No. 2
    Miss Maria Erkku［玛丽亚·埃尔库女士］
    （吕维铷夫人私人班）
2. 独唱：
    a）The Mission of a Rose 玫瑰的使命
    ·· 考恩（Cowen）
    于世沅君（应尚能先生班）
    b）Resolution 决心 ····························· 拉森（Lassen）
    王春芳君（应尚能先生班）
3. 琵琶独奏：
    五三惨案·· 朱英
    陈韶君（朱英先生班）
4. 钢琴独奏：
    a）Cradle Song 摇篮曲
    ······················ 柴科夫斯基－帕勃斯特（Pabst）
    b）In the Autumn 秋 ····················· 莫什科夫斯基
    陈玠女士（皮利必可华夫人班）
5. 大提琴独奏：
    a）Lamento 悲感［悲歌］
    ······················ 加布里埃尔－玛丽（Gabriel-Marie）
    b）Menuet 小步舞 ················ 瓦留森（Valeusen）
    李炳星君（佘甫磋夫先生班）

6. 独唱：
   a）Elegie 挽歌 ………………………………… 马斯内
   b）Caro mio ben［我亲爱的］
   ………………………… 焦尔达尼（Giodani）
   王玛丽夫人（Mrs. Mary Wuang）（苏石林先生私人班）
7. 钢琴独奏：
   Concerto F-minor, 1st Movement
   ［f 小调协奏曲第 1 乐章］……………………… 肖邦
   过拉女士（Miss Helen Gora）（查哈罗夫先生班）

第二部

8. 钢琴独奏：
   a）Etude A-flat major［$^\flat$A 大调练习曲］
   ……………………………………………… 肖邦
   b）Valse, D-flat 旋转舞［$^\flat$D 大调圆舞曲］
   ……………………………………………… 肖邦
   c）Mazurka, F-sharp minor 波兰舞
   ［$^\sharp$f 小调玛祖卡］……………………… 肖邦
   里沃夫女士（Miss A. F. Lvoff）（拉扎雷夫先生私人班）
9. 独唱：
   What am I, love, without thee?
   ［失去你，爱人，我会怎样？］……… 亚当斯（S. Adams）
   马国霖君（苏石林先生班）
10. 钢琴独奏：
    Concerto D-minor, 2nd & 3rd Movements
    ［d 小调协奏曲第 2、3 乐章］……………… 莫扎特
    胡投君（皮利必可华夫人班）
11. 独唱：
    a）Romance from Les contes d'Hoffman
    ［《霍夫曼的故事》之浪漫曲］……………… 奥芬巴赫

  b）Vissi d'arte, vissi d'amore from Tosca

   ［《托斯卡》咏叹调"为了艺术，为了爱情"］

    ……………………………………………… 普契尼

   孙德志女士（苏石林先生班）

12. 钢琴独奏：

  Cappriccio Espagnol 西班牙杂感 ［西班牙随想曲］

   ………………………… 莫什科夫斯基（Moszkousky）

  何汉心女士（查哈罗夫先生班）

本校七周纪念音乐会

十一月二十七日为成立本校七周纪念,特于二十六日晚举行纪念音乐会以资庆祝,同时鉴于过去学生音乐会每因会堂过小,致后来听众多以门票售完,徒劳往返,特假新亚酒店大礼堂举行。是晚虽大雨倾盆,寒风刮面,听众之赴会者仍然踊跃,计八时开始直至十二时始行散会,休息时俄国作曲家车列浦您先生公开颁给应征"中国风味钢琴曲"得奖者之奖品,并由头奖得者贺绿汀君弹奏其创作之头奖钢琴曲,博得听众热烈之掌声。(征求之揭晓详情另见记载)

收 支 对 照 表

	收　方
门售一元票八十四张	84.00
学生代销廿七张	27.00
半价券(美专二十四张／麦伦中学七张)	15.50
各代售处：永兴琴行	3.00
各代售处：爱普罗琴行	4.00
各代售处：新亚酒店	15.00
	148.50
	付　方
付车资	48.88
付新亚礼堂租金	50.00
付印刷费	14.50
付饭资,赏资及杂支	31.97
付爱普罗琴行售标佣金	.80
付同学销票奖金	2.30
共支	148.45
结存	.05
	$148.50

本校师生应大夏大学之邀请举行音乐会节目单

第一部

1. 钢琴独奏：
    甲）Prelude in C Minor［c 小调前奏曲］
    ·· 肖邦
    乙）Minute Waltz［一分钟圆舞曲］ ·············· 肖邦
    黄廷贵君

2. 独唱：
    The Wanderer［流浪者之歌］ ················ 舒伯特
    斯义桂君　谢绫子女士伴奏

3. 小提琴独奏：
    甲）Nobody knows the trouble I've seen
    ［没有人知道我的痛苦］
    ············· 怀特 - 克莱斯勒（C. C. White-Kreisler）
    乙）Simple Aveu［质朴的表白］ ·········· 托梅（Thomé）
    陈又新君　丁善德君伴奏

4. 二部合唱：
    甲）本事 ··· 黄自
    乙）怀古 ·· 陈田鹤
    郎毓秀　陈玠女士　洪达琦女士伴奏

5. 钢琴独奏：
    Improptu in C Sharp Minor［c 小调即兴曲］ ·········· 肖邦
    巫一舟君

6. 独唱：
    甲）也是微云 ······································ 赵元任
    乙）教我如何不想他 ····························· 赵元任
    满谦子君　洪达琦女士伴奏

7. 二胡独奏：
    重游 ·· 谭小麟
    谭小麟君
8. 独唱：
    甲）过闸北旧居 ·································· 刘雪庵
    乙）满江红 ····································· 刘雪庵编曲
    丙）前进曲 ·· 刘雪庵
    胡然君　巫一舟君伴奏

第二部

1. 独唱：
    甲）Calm as the Night［清静如夜］
        ·· 博姆（Bohm）
    乙）Wanderer's Night Song［流浪者的夜歌］
        ··· 马丁（Martin）
    丙）Aspiration［热望］············· 居伊（Cui）
    应尚能先生　丁善德君伴奏
2. 钢琴独奏：
    Etude F Sharp Minor［#f小调练习曲］············ 肖邦
    何端荣女士
3. 独唱：
    甲）布谷 ·· 刘雪庵
    乙）玫瑰三愿 ······································· 黄自
        孙德志女士，洪达琦女士伴奏，陈又新君小提琴助奏
4. 钢琴独奏：
    Polonaise No.6［第6号波洛奈兹舞曲］············ 肖邦
    丁善德君
5. 小提琴独奏：
    Caprice Viennois［维也纳随想曲］
        ··· 克莱斯勒
    胡静翔君　洪达琦女士伴奏

6. 合唱：
   甲）渔阳鼙鼓动地来（长恨歌）……………………黄自
   乙）青天白日满地红 ……………………………………黄自
   丙）旗正飘飘 ……………………………………………黄自

应尚能先生指挥

高音	上中音
孙德志女士	陈　玠女士
陈蓉馨女士	何端荣女士
郎毓秀女士	李惠芳女士
沈珍奇女士	洪达琦女士
下中音	低音
胡　然君	满福民君
蔡绍序君	斯义桂君
谭小麟君	陈又新君
王春芳君	马国霖君

国立音乐专科学校

The National Conservatory of Music

毕业考试节目单

Graduation, Course & Semester Examination Programme

二十三年度上学期
1st Semester 1934—1935
廿四年一月十日至十七日
Jan. 10—17, 1935
（甲）毕业考试 Graduation Examination
（1）小提琴组 Violin Department
高级考试 3rd Course Examination
星期四，一月十日下午二时起 Thursday, Jan. 10, 2—5 P.M.

1. 戴粹伦 C. L. Tai（法利国先生班）
   Grand Concerto No. 4, in D［D大调第4大协奏曲］
   ……………… 亨利·维厄唐（Henri Vieuxtemps）
   Sonata No. 6, for Violin Alone［无伴奏小提琴第6奏鸣曲］
   …………………………………………………… 巴赫
   Sonata in G, No. 11［G大调第11奏鸣曲］……… 格里格
   Polonaise de Concert［音乐会波洛奈兹舞曲］
   ……………………… 维尼亚夫斯基（Wieniawski）
   Three Pieces Arranged by Kreisler［克莱斯勒改编小提琴曲3首］
（2）声乐组 Vocal Department
星期五，一月十一日上午十时 Friday, Jan, 11, 10 A. M.
1. 戴粹伦 C. L. Tai（胡周淑安先生班）（副科）
   Concone：No 27［孔空练声曲第27首］
   Haydn：Ah, Poor Heart［海顿："啊，可怜的心"］
   Wagner：Oh, Star of Eve (Tannhaüser)
   ［瓦格纳《汤豪舍》之"晚星"］

本校钢琴高级考试节目单

二十四年三月十一日　星期一下午三时［1935年］

1. Prelude and Fuga in G Minor［g小调前奏曲与赋格］…… 巴赫
2. Sonate Op. 26, 1st Movement［奏鸣曲Op. 26第1乐章］
   ……………………………………………………… 贝多芬
3. Polonaise in A Flat Major［♭A大调波洛奈兹舞曲］…… 肖邦
4. Two Bagatelles［小品曲二首］…… 齐尔品（A. Tcherepnine）
5. Hungarian Rhapsody No. 6［第六匈牙利狂想曲］…… 李斯特
6. Concerto in A Minor, 1st Movement［a小调协奏曲第1乐章］
   ……………………………………………………… 格里格
   本科丁善德君（查哈罗夫先生班）

本校第二届毕业生音乐会节目单

戴粹伦君　本科小提琴组（法先生班）
二十四年三月二十六日晚八时［1935 年］

第一部

1. 模范大曲：
    Sonata in G Minor ［g 小调奏鸣曲］
    ……………………………………………… 格里格
    Lento doloroso-Allegro vivace
    ［忧伤的慢板——活泼的快板］
    Allegretto tranquillo ［安静的小快板］
    Allegro animato ［有生气的快板］
2. Concerto in D Minor ［d 小调协奏曲］
    ……………………………… 维厄唐（H. Vieuxtemps）
    Andante ［行板］
    Adagio religioso ［宗教性的柔板］
    Allegro ［快板］

第二部

3. a）Preghiera 祷告
     … 马蒂尼神父［焦瓦尼·马蒂尼］(Padre Martini) - 克莱斯勒
   b）La precieuse 窈窕淑女 …………… 库普兰 - 克莱斯勒
   c）Sicilienne und Rigaudon 舞曲 ［西西里舞曲与里戈东舞曲］
     ……………………… 弗朗科尔（Francoeur）- 克莱斯勒
4. Polonaise de Concert 波兰舞曲 ［音乐会波洛奈兹舞曲］
    ……………………………… 维尼亚夫斯基（Wieniawski）

国立音乐专科学校学生演奏会节目

（本校学生此次赴京演奏，开会两次，一在励志社，一在金陵大学，下面节目是在励志社演奏的，在金陵大学的演奏节目与励志社的很多相同，所以不另付印）

第一部

1. 党歌（全体肃立）
2. 弦乐合奏：
    a）飞加罗婚礼前奏曲［《费加罗的婚礼》序曲］
        ·· 莫扎特
    b）未完交响乐首章［《未完成交响曲》第1乐章］
        ·· 舒伯特
        音专弦乐队　胡静翔君指挥
3. 独唱：
    a）满江红 ·································· 刘雪庵和声
    b）青天白日满地红 ························· 黄自
        斯义桂君　洪达琦女士伴奏
4. 大提琴独奏：
    a）摇篮曲 ····························· 戈达尔（Godard）
    b）村舞 ······························· 斯夸尔（Squire）
        朱崇志君　凌安娜女士伴奏
5. 钢琴独奏：
    a）牧童短笛 ······························ 贺绿汀
    b）泉边 ··································· 阿连斯基
        易开基君
6. 琵琶独奏：
    一个惨案 ····································· 朱英
    谭小麟君

7. 女声二部合唱：
   a）本事 …………………………………… 黄自
   b）怀古 …………………………………… 陈田鹤
      郎毓秀，陈玢女士　洪达琦女士伴奏

8. a）小提琴独奏：旋律 ………………………… 巴赫
      刘蕙佐君　弦乐队伴奏　胡静翔君指挥
   b）女声合唱：山在虚无缥渺间（长恨歌）………… 黄自
      孙德志，郎毓秀，凌安娜，陈玢，洪达琦，李蕙芳女士，
      弦乐队伴奏，应尚能先生指挥

第二部

9. 三重奏：
   插曲［《阿莱城的姑娘》间奏曲］…………………… 比才
   陈又新君，朱崇志君，凌安娜女士

10. 独唱：
    a）问 …………………………………… 萧友梅
    b）煮豆持作羹 …………………… 华丽丝（E. Valesby）
       胡然君　陈玢女士伴奏

11. 二胡独奏：
    a）月夜 …………………………………… 刘天华
    b）重游 …………………………………… 谭小麟
       谭小麟君

12. 独唱：
    a）新中国的主人 ………………………… 黄自
    b）国土 …………………………………… 萧友梅
    c）过闸北旧居 …………………………… 刘雪庵
       满福民君　洪达琦女士伴奏

13. 钢琴独奏：
    a）序曲 …………………………………… 格里埃尔
    b）小丑 …………………………………… 格里埃尔

c）西班牙舞 ………………………… 格拉纳多斯
　　　何汉心女士
14. 大合唱：
　　a）抗敌歌 ……………………………………… 黄自
　　b）旗正飘飘 …………………………………… 黄自
　　　弦乐队伴奏　应尚能先生指挥

大夏大学邀请本校师生演奏会节目

四月二十九日在大夏大学礼堂［1935年］

1. 党歌：
　　全体肃立，行礼如仪
2. 合唱：
　　抗敌歌……………………………………………… 黄自
　　应尚能先生指挥　弦乐队伴奏
3. 独唱：
　　满江红…………………………………… 刘雪庵作和声
　　青天白日满地红…………………………………… 黄自
　　斯义桂君　洪达琦女士伴奏
4. 钢琴独奏：
　　牧童短笛………………………………………… 贺绿汀
　　易开基君
5. 独唱：
　　淮南民谣………………………………………… 刘雪庵
　　出征别母………………………………………… 刘雪庵
　　劳景贤君　洪达琦女士伴奏
6. 独唱：
　　新中国的主人……………………………………… 黄自
　　国土……………………………………………… 萧友梅

过闸北旧居……………………………………… 刘雪庵
　　　满福民君　洪达琦女士伴奏
7. 琵琶独奏：
　　　五三惨案………………………………………… 朱英
　　　谭小麟君
8. 独唱：
　　　不屈之士 ………………………………[胡恩（Kuhn）？]
　　　吊吴淞……………………………………………… 应尚能
　　　应尚能先生　丁善德君伴奏
9. 独唱：
　　　上山……………………………………………… 赵元任
　　　孙德志女士　洪达琦女士伴奏
10. 独唱：
　　　军歌三首………………………………………… 唐学詠
　　　胡然君　陈玠女士伴奏
11. 合唱：
　　　旗正飘飘…………………………………………… 黄自
　　　应尚能先生指挥　弦乐队伴奏

本校第二届毕业生音乐会节目

丁善德君

本科钢琴组

（查哈罗夫先生班）

二十四年五月十一日晚八时在新亚酒店礼堂［1935年］

第一部

1. Sonate Op. 27，No. 2，Quasi una Fantasie 月光曲
　　［月光奏鸣曲］……………………………………… 贝多芬

Adagio sostenuto［绵延的柔板］

　　　Allegrtto［小快板］

　　　Prestoagitato［激动的急板］

2. a）Arabesque 亚剌伯式曲［阿拉伯风格曲］…………德彪西

　 b）Invitation to the Dance 邀舞……………………韦伯

3. Concerto in A Minor，1st Movement 协奏曲首章

　　［a 小调协奏曲第 1 乐章］………………………格里格

第二部

4. a）Etude Op. 10，No. 9［练习曲 Op. 10 第 9 首］

　　　………………………………………………………肖邦

　 b）Dolonaise Op. 53 波兰舞曲［波洛奈兹舞曲］

　　　………………………………………………………肖邦

5. a）摇篮曲 ………………………………………………贺绿汀

　 b）牧童短笛 ……………………………………………贺绿汀

　 c）Two Bagatelles 小曲二阕［小品曲二首］

　　　……………………………………齐尔品（A. Tcherepnin）

6. Hungarian Rhapsody No. 6 匈牙利杂感

　　［第六匈牙利狂想曲］……………………………李斯特

本校春季音乐大会节目

（票资悉数移充航空救国金）

廿四年五月二十日晚八时一刻假座新亚酒店礼堂［1935 年］

第一部

1. 党歌：（全体肃立）……………………程懋筠
　　　　　　　　　　　　　　　　　　　黄自和声

　　应尚能先生指挥

　　弦乐队伴奏

2. 弦乐合奏：
   a）歌剧"费加罗婚礼"前奏曲
      ·· 莫扎特
   b）未完交响乐首章 ······························ 舒伯特
      佘甫磋夫先生指挥
3. 钢琴独奏：
   Rondo，C Minor 迴旋曲［c 小调回旋曲］
   ·· 肖邦
   李蕙芳女士
4. 长笛独奏：
   Concerto，C Major，1st Movemont 协奏曲首章
   ［C 大调协奏曲第 1 乐章］ ··············· 莫扎特
   叶怀德君
5. 二部合唱：
   Duet from "Carmen" 歌剧"卡门"中之一段
   "Ah！mi parla di lei"
   ［《卡门》之二重唱］······························· 比才
   何慧如女士　劳景贤君
6. 大提琴独奏：
   a）Melody 曲调［F 大调旋律］
      ··· 鲁宾斯坦
   b）Dance Rustique 村舞
      ·· 斯夸尔（Squire）
      朱崇志君
7. 钢琴独奏：
   Noveletto 故事［新事曲］····························· 舒曼
   黄廷贵君
8. 独唱：
   a）Doppelgänger 身影　················· 舒曼
   b）Die Beigen Grenadiere 两个掷弹兵············ 舒曼
      斯义桂君

9. 小提琴钢琴合奏：

  Sonata in D, 1st Movement 模范大曲首章

  ［D 大调钢琴小提琴奏鸣曲第 1 乐章］ ⋯⋯⋯⋯⋯⋯ 贝多芬

  廖永康君及萨哈罗华女士

第二部

10. 大合唱：

  Recitative & Chorus from "Creation"

  神乐"创世纪"之一阕

  ［清唱剧《创世纪》之宣叙调与合唱］⋯⋯⋯⋯⋯⋯⋯ 海顿

  独唱：孙德志女士，王曼丽女士，劳景贤君，斯义桂君

  舍利凡诺夫夫人指挥

11. 琵琶独奏：

  难忘曲 ⋯⋯⋯⋯⋯⋯⋯⋯⋯⋯⋯⋯⋯⋯⋯⋯⋯⋯⋯ 朱英

  谭小麟君

12. 钢琴独奏：

  The Lark 云雀 ⋯⋯⋯⋯⋯⋯⋯⋯⋯⋯ 格林卡－巴拉基列夫

  何端荣女士

13. 独唱：

  One Fine Day (Un bel di, Verreno) Aria from "Madame Butterfly" 歌剧"胡蝶夫人"之一段

  ［歌剧《蝴蝶夫人》咏叹调"晴朗的一天"］⋯⋯⋯ 普契尼

  孙德志女士

14. 钢琴独奏：

  a) Valse 旋转舞［圆舞曲］⋯⋯⋯⋯⋯⋯⋯⋯⋯⋯⋯ 肖邦

  b) Etude［练习曲］⋯⋯⋯⋯⋯⋯⋯⋯⋯⋯⋯⋯⋯⋯ 肖邦

  Miss Tamara Markitant

  ［塔玛拉·马奇丹女士］

15. 小提琴独奏：

  Chaconne 古舞曲［夏空舞曲］

  ⋯⋯⋯⋯⋯⋯⋯⋯⋯⋯⋯⋯⋯⋯⋯⋯⋯ 维塔利（Vitali）

16. 合唱：

　　旗正飘飘 …………………………………………… 黄自
　　应尚能先生指挥
　　弦乐队伴奏

▲▲本届毕业生因有毕业演奏会，未能参加此次演奏▲▲

本校学生演奏会节目第三十二次

廿五年一月 十六日下午四时 ［1936 年］

1. 钢琴独奏：
   a）Allegro ［快板］
   　　…………… 卡尔·菲利普·埃马努埃尔·巴赫（Ph. E. Bach）
   b）Polish Dance ［波兰舞曲］…… 沙尔文卡（Scharwenka）
   　　谢绫子
2. 琵琶独奏：
   　青莲乐府…………………………………………… 李氏谱
   　樊燨
3. 中提琴独奏：
   　Adelaide ［阿黛莱德］ ………………………… 贝多芬
   　林超夏
4. 钢琴独奏：
   　Variations sérieuses ［庄严变奏曲］………… 门德尔松
   　吴乐懿
5. 独唱：
   　Hear me ye winds and waves ［狂风巨浪听我诉说］
   　………………………………………………… 亨德尔
   　杨树声
6. 钢琴独奏：
   a）Prelude ［前奏曲］ ……………… 利亚多夫（Liadof）

b）Impromptu［即兴曲］·················· 肖邦
      黄廷贵
7. 小提琴合奏：
   Sonata da Camera for 2 Violins & Piano
   ［双小提琴与钢琴室内奏鸣曲］
            ······················ 科雷利（Corelli）
   Adagio Allemanda［柔板阿勒芒德舞曲］
   Adagio Giga［柔板吉格舞曲］
      章彦　鲁之翰
8. 钢琴独奏：
   Concerto in A Minor, 1st Movement
   ［a 小调协奏曲第 1 乐章］················ 舒曼
      何端荣

第三十三次演奏会节目单

二十五年一月 二十七日下午四时［1936 年］

1. 钢琴独奏：
   a）Etude Op. 740 No. 42［练习曲］
            ······························ 车尔尼
   b）Nocturne Op. 15［夜曲］·············· 肖邦
      张隽伟
2. 小提琴合奏：
   Violin Duet No. 5［小提琴二重奏］ ··· 普莱耶尔（Pleyel）
   张舍之　毛楚恩
3. 钢琴独奏：
   a）The Lark［云雀］ ············ 格林卡 – 巴拉基列夫
   b）Impromptu Fantasie［（应为 Fantasie Impromptu）
      即兴幻想曲］··· 肖邦
      杨体烈

4. 独唱：

   Caro mio ben［我亲爱的］………… 焦尔达尼（Giordani）
   张昊

5. 钢琴独奏：

   Concerto in C Minor, 1st Movement
   ［c小调协奏曲第1乐章］…………………… 莫扎特
   伍芙蓉

6. 小提琴独奏：

   Canzonetta［小坎佐纳］………………… 柴科夫斯基
   刘蕙佐

7. 钢琴独奏：

   Consolation［安慰曲］…………………… 阿连斯基
   唐爱兰

8. 独唱：

   Where'er You Walk［无论你走到何处］………… 亨德尔
   刘振汉

9. 钢琴独奏：

   Marche Militaire［军队进行曲］………… 舒伯特－陶西格
   潘美波

第三十四次演奏会节目单

二十五年一月三十日下午四时［1936年］

1. 钢琴独奏：

   Variations［变奏曲］…………… 海顿－济洛季（Siloti）
   张绿漪

2. 钢琴独奏：

   March of the Dwarfs［侏儒进行曲］…………… 格里格
   邵家光

3. 钢琴独奏：
    a）Prelude in B flat major ［♭B 大调前奏曲］
       .... 巴赫
    b）Nocturne Op. 9. No. 1 ［夜曲］............ 肖邦
       钱琪
4. 钢琴独奏：
    Nocturne ［夜曲］ .... 拉赫玛尼诺夫
    刘悦意
5. 钢琴独奏：
    Sonate Op. 27 Quasi una Fantasia
    ［如幻想曲的奏鸣曲 Op. 27］
    .... 贝多芬
    易开基

第三十五次演奏会节目单

二十五年二月四日下午四时 ［1936 年］

1. 独唱：
    Nel cor piu non mi sento .... 帕伊谢洛（G. Paisiello）
    周小燕
2. 钢琴独奏：
    La fileuse 纺织娘 .... 拉夫（Raff）
    梁雪儿
3. 独唱：
    Aria from "Macbeth" ［歌剧《麦克白》咏叹调］
    .... 威尔第
    周遇春
4. 琵琶独奏：
    难忘曲 1 被侵 2 思痛 3 奋斗 .... 朱英
    陈韶

5. 独唱：
   A pleading 恳求 ……………………………… 柴科夫斯基
   古宪嘉
6. 钢琴独奏：
   Andante favori 最爱的行板 …………………… 贝多芬
   何惠仙
7. 独唱：
   Dormiro sol nel manto mio regal "Don Carlos"
   ［歌剧《唐卡洛斯》咏叹调"在龙袍中孤寂地睡觉"］
   ………………………………………………… 威尔第
   胡投
8. 独唱：
   Der Wanderer 流浪者 ［流浪者之歌］ ………… 舒伯特
   王春芳
9. 钢琴独奏：
   Polonaise cis-moll，op.26 波兰舞曲 ［#c 小调波洛奈兹舞曲］
   …………………………………………………… 肖邦
   凌安娜
10. 独唱：
    Solveig's Song 沙尔维姬的歌 ［索尔维格之歌］
    …………………………………………………… 格里格
    郎毓秀
11. 钢琴独奏：
    Polichinelle 小丑 ……………………………… 拉赫玛尼诺夫
    陈玠
12. 独唱：
    Before My Window 窗前 ……………………… 拉赫玛尼诺夫
    胡然

第三十六次演奏会节目单

二十五年二月六日下午四时［1936年］

1. 钢琴独奏：
   a）夜曲 Nocturne ……………………………… 阿连斯基
   b）Etude［练习曲］ ……… 莫什科夫斯基（Moszkowsky）
   韩德常
2. 小提琴独奏：
   协奏曲之慢板 Adagio from Concerto No. 5
   ［第5小提琴协奏曲慢板］……………………… 莫扎特
   廖永康
3. 钢琴独奏：
   a）序曲 Pelude in C minor［c小调前奏曲］………… 巴赫
   b）闺情 The Maiden's Wish ……………… 肖邦－李斯特
   沈珍奇
4. 钢琴独奏：
   a）Etude op. 10，No. 3［练习曲］………………… 肖邦
   b）Etude op. 10，No. 4［练习曲］………………… 肖邦
   何汉心
5. 小提琴独奏：
   协奏曲 Concerto No. 9，Op. 104，1st Movement
   ［第9小提琴协奏曲，Op. 104，第1乐章］
   ……………………………………… 贝里奥（Beriot）
   梁定佳
6. 钢琴独奏：
   a）挽歌 Elegie［悲歌］……………………… 拉赫玛尼诺夫
   b）旋转舞 Valse［圆舞曲］
   ………………………………… 利亚多夫（Liadoff）
   林亭玉

7. 大提琴独奏:
   模范曲 Sonata [奏鸣曲]
   ························· 马罗克洛（Marocllo）
   Adagio, Allegro, Largo and Allegretto
   [柔板，快板，广板与小快板]
   朱崇志

8. 钢琴独奏:
   协奏曲 Concerto in D minor, 2nd movement
   [d 小调第 2 钢琴协奏曲第 2 乐章]··············· 门德尔松
   潘莲雅

9. 钢琴独奏:
   协奏曲 Concerto No. 1, 1st Movement
   [第 1 钢琴协奏曲第 1 乐章] ············· 拉赫玛尼诺夫
   洪达琦

10. 钢琴独奏:
    模范曲 Sonata Op. 2 No. 3, 1st Movement
    [钢琴奏鸣曲 Op. 2 No. 3 第 1 乐章] ·············· 贝多芬
    范继森

第三十七次演奏会节目单

二十五年二月七日下午四时 [1936 年]

1. 钢琴独奏:
   模范曲 Sonata c-dur No. 9, 3rd movement
   [C 大调第 9 钢琴奏鸣曲第 3 乐章] ················ 贝多芬
   吴亚贞

2. 独唱:
   赛维尔的钟 The Bells of Seville [塞维尔的钟声]
   张全龄

3. 钢琴独奏：

   模范曲 Sonata g-dur No.10，1st movement

   ［G 大调第 10 钢琴奏鸣曲第 1 乐章］ ················ 贝多芬

   王春元

4. 独唱：

   "Una Furtiva Lagrima" from L'Elisir d'amore

   ［歌剧《爱之甘醇》咏叹调"偷洒一滴泪"］ ······ 多尼采蒂

   伍正谦

5. 钢琴独奏：

   杂感 Capriccio a-moll，Op.33

   ［a 小调随想曲］ ·· 门德尔松

   章雅

6. 独唱：

   Caro mio ben ［我亲爱的］ ··············· 焦尔达尼（Giordani）

   张昊

7. 钢琴独奏：

   Concert-Etude ［音乐会练习曲］ ··· 库什纳廖夫（Kushnareff）

8. 钢琴独奏：

   快活杂感 Capriccio Brilliant，Op.22

   ［辉煌随想曲］ ·· 门德尔松

   李蕙芳

9. 独唱：

   窗前 Before My Window ·························· 拉赫玛尼诺夫

   胡然

第三十八次演奏会节目单

二十五年二月十四日下午四时 ［1936 年］

1. 大提琴合奏：

   模范曲　行板　［奏鸣曲行板］

   钱琪　朱崇志

2. 独唱：

   闺情 Maiden's Wish …………………………… 肖邦
   夏承瑜

3. 低音提琴独奏：

   Piece en ut［C 音上的乐曲］………… 比森（Bussen）
   杜刚

4. 独唱：

   狼 The Wolf ………………………… 希尔德（Shield）
   于世沉

5. 大提琴独奏：

   小协奏曲［第 1 乐章］
   Concertino，1st Movement ………… 龙伯格（Romberg）
   朱咏葵

第三十九次演奏会节目单

二十五年三月二日下午四时［1936 年］

1. 钢琴独奏：

   无词曲 Song without words［无词歌］…………… 门德尔松
   陈德贞

2. 钢琴独奏：

   模范曲第一章 Sonata，C Minor，1st Movement
   ［c 小调奏鸣曲第 1 乐章］……………………… 莫扎特
   周小燕

3. 钢琴独奏：

   a）练习曲 Study（740）………………………… 车尔尼
   b）序曲 Prelude［前奏曲］……………………… 巴赫
   周晢霖

4. 钢琴独奏：
   即席曲 Impromptu A♭ Major
   [♭A 大调即兴曲] ·············· 舒伯特
   司徒怀卿
5. 钢琴独奏：
   第二十五模范曲第一章 Sonata no. 25，1st Movement
   [第 25 奏鸣曲第 1 乐章]
   ······································ 贝多芬
   林文桂
6. 独唱：
   你知那地否？Knowest Thou Yonder Land?
   ···························· 托马（Thomas）
   狄润君
7. 钢琴独奏：
   即席曲 Impromptu B♭ Major
   [♭B 大调即兴曲] ·············· 肖邦
   宋丽琛

本校庆祝蔡院长子民先生七十大寿学生音乐会节目单

二十五年四月二十三日下午三时半［1936 年］

1. 弦乐队：
   序乐 Overture Belmont and Constance
   [《贝尔蒙特与康斯坦茨》序曲] ········· 莫扎特
   音专弦乐队　佘甫磋夫先生指挥
2. 独唱：
   寿蔡院长子民先生············ 华丽丝
   郎毓秀女士

3. 钢琴联弹：

    寿辰进行曲 Birthday March ················· 舒曼

    查哈罗夫先生　吴乐懿女士

4. 大提琴独奏：

    Melody in F［F 大调旋律］············· 鲁宾斯坦

    朱崇志君

5. 独唱：

    1）Du bist die Ruh［你是安宁］············· 舒伯特

    2）Who Is Sylvia［谁是西尔维亚］··········· 舒伯特

    　　胡然君

6. 琵琶独奏：

    将军令························· 皇甫直

    谭小麟君

7. 钢琴独奏：

    Two Etudes［练习曲两首］················ 肖邦

    何端荣女士

8. 女声合唱：

    1）Hosanna［和散那］···················· 萨利文

    2）山在虚无缥缈间····················· 黄自

    　　舍利文诺夫夫人指挥

9. 小提琴独奏：

    传奇曲 Romance［浪漫曲］

    ·························· 威廉密（Wilhelmj）

    刘蕙佐君

10. 弦乐队：

    加冕进行曲　Coronation March ·········· 迈耶贝尔

    音专弦乐队　佘甫磋夫先生指挥

二十五年上学期学生演奏会节目
第四十三次

廿五年十二月七日下午三时半［1936年］

1. 钢琴独奏：
   Hunting Song 猎歌 ………………………… 门德尔松
   曹景彬女士（李惟宁先生班）
2. 钢琴独奏：
   Fantasy Pieces No. 1 and 3 幻想曲第一第三首 ……… 舒曼
   潘莲雅女士（皮利必可华夫人班）
3. 钢琴独奏：
   Sonata E flat major Op. 7，1st movement 模范大曲第一章
   ［♭E 大调奏鸣曲第 1 乐章］………………… 贝多芬
   梁雪姬女士（拉查雷夫先生班）
4. 钢琴独奏：
   Concert A major，1st movement 钢琴协奏曲第一章
   ［A 大调钢琴协奏曲第 1 乐章］……………… 莫扎特
   林沽恩女士（皮利必可华夫人班）
5. 钢琴独奏：
   Melodia appassionta 热情曲［热情的旋律］
   ………………………… 莫什科夫斯基（Moszkowski）
   梁雪儿女士（拉查雷夫先生班）
6. 钢琴独奏：
   Sonata in A major 模范曲第一章
   ［A 大调奏鸣曲第 1 乐章］………………… 贝多芬
   黄廷贵君（欧萨可夫先生班）
7. 钢琴独奏：
   Character Pieces No. 2 and 3 小曲第二首三首
   ［风格小品］……………… 沃伦豪普特（Wollenhaupt）
   黄若珍女士（皮利必可华夫人班）

8. 钢琴独奏：

    Concert D minor，Ⅲ movement 钢琴协奏曲第三章
    ［d 小调钢琴协奏曲第 3 乐章］……………… 门德尔松
    徐增安女士（皮利必可华夫人班）

9. 钢琴独奏：

    a）Consolation 慰藉［安慰曲］………………… 李斯特

    b）Musical Box 八音琴［八音盒］
    ……………………………… 利亚多夫（Liadoff）

    c）Valse Paraphrase 旋转舞释义
    ……………… 施特劳斯－格伦菲尔德（Gruenfeld）
    吴乐懿女士（查哈罗夫先生班）

10. 钢琴独奏：

    Andante Cantabile et Presto Agitato 慢板急板
    ［如歌的行板与激动的急板］…………………… 门德尔松
    伍芙蓉女士（皮利必可华夫人班）

第四十四次演奏会节目单

廿五年十二月十日三时半［1936 年］

1. 钢琴独奏：

    On the Meadow 牧场上
    ………………… 海因里希·利希纳（Heinrich Lichner）
    汪丽君女士（李惟宁先生班）

2. 钢琴独奏：

    a）Fugue in C Minor 赋格曲［c 小调赋格］
    ……………………………………………………… 巴赫

    b）Nocturne F Minor 夜曲［f 小调夜曲］
    ……………………………………………………… 肖邦
    周皙霖女士（李惟宁先生班）

3. 钢琴独奏：

    Impromptu As-dur Op，90. 偶成

    [♭A 大调即兴曲] ………………………………… 舒伯特

    何静意女士（拉查雷夫先生班）

4. 钢琴独奏：

    a）Etude 练习曲 ………………………… 库拉克（Kullak）

    b）Polonaise Op，70，No. 2 波兰舞曲 ……………… 肖邦

    洪达琦女士（查哈罗夫先生班）

5. 小提琴协奏曲：

    Students Concerto in D Minor, No. 3，1st Mov.

    [d 小调第 3 学生协奏曲第 1 乐章]

    …………………………………… 汉斯·西特（H. Sitt）

    窦立勋君（法利国先生班）

6. 钢琴独奏：

    Polonaise 波兰舞曲 ………… 莫什科夫斯基（Moszkowski）

    林亭玉女士（拉查雷夫先生班）

7. 钢琴独奏：

    Valse-Caprice 旋转舞曲［随想圆舞曲］

    …………………………………………… 舒伯特－李斯特

    凌安娜女士（拉查雷夫先生班）

8. 钢琴独奏：

    a）Two Preludes 序曲二首［前奏曲 2 首］

    ………………………………………………… 肖邦

    b）Polonaise Op，53 波兰舞曲 ………………… 肖邦

    潘美波女士（查哈罗夫先生班）

9. 钢琴独奏：

    Hungarian Fantasy 匈加利幻想曲［匈牙利幻想曲］

    ……………………………………………………… 李斯特

    何端荣女士（查哈罗夫先生班）

第四十五次演奏会节目单

廿五年十二月十四日三时半［1936年］

1. 钢琴独奏：
   a）Cradle Song 摇篮曲 ················ 布格缪勒
   b）The Elves 魑魅［小精灵］········· 布格缪勒
   李豪女士（欧萨可夫先生班）
2. 钢琴独奏：
   Characterpiece 小曲［风格小品］
   ·· 门德尔松
   陈静勤女士（皮利必可华夫人班）
3. 钢琴独奏：
   a）Courante 柯朗舞［库朗特舞曲］········ 巴赫
   b）Almost Too Serious 彷佛太庄重了 ······ 舒曼
   陈涵欣女士（皮利必可华夫人班）
4. 钢琴独奏：
   a）Invention 创作曲［创意曲］············ 巴赫
   b）Ecossaise 小品［埃科塞兹舞曲］······ 贝多芬
   谭作楣女士（欧萨可夫先生班）
5. 钢琴独奏：
   Rondo D Major 轮旋曲［D 大调回旋曲］
   ·· 莫扎特
   周杏清女士（皮利必可华夫人班）
6. 钢琴独奏：
   Cradle Song 摇篮曲 ·················· 格里格
   吴碧霄女士（皮利必可华夫人班）
7. 钢琴独奏：
   Scherzo 谐曲［谐谑曲］··············· 格里格
   刘幼玫女士（皮利必可华夫人班）

8. 钢琴独奏：
    a) Sonata Op. 14, No. 2, 1st Movement 模范曲
       [钢琴奏鸣曲作品14号之2第1乐章] ········ 贝多芬
    b) Aufschwung 翱翔 ·· 舒曼
       唐爱兰女士（查哈罗夫先生班）
9. 钢琴独奏：
    Ballade G Minor 叙事曲 [g小调叙事曲]
    ··· 肖邦
    巫一舟君（查哈罗夫先生班）
10. 钢琴独奏：
    Concerto A Minor, 1st Movement 钢琴协奏曲第一章
    [a小调协奏曲第1乐章] ······························· 格里格
    Miss Tamara Markitant [塔玛拉·马奇丹女士]
    （查哈罗夫先生班）

第四十六次演奏会节目单

廿五年十二月十七日下午三时半 [1936年]

1. 钢琴独奏：
   Sonatina Op. 20, No. 2 in G Major, Rondo
   模范小曲第三章轮旋曲 [G大调小奏鸣曲之回旋曲]
   ·· 库劳（Kuhlau）
   周美丽女士（李惟宁先生班）
2. 钢琴独奏：
   Allegro con brio, G Major Sonata 模范曲第一章
   [G大调奏鸣曲第1乐章"有活力的快板"] ··········· 海顿
   梁佩文女士（李惟宁先生班）
3. 钢琴独奏：
   Spring Song 春曲 [春之歌] ····················· 门德尔松
   汪启璋女士（李惟宁先生班）

4. 钢琴独奏：

   Sonata, 1st movement 模范曲第一章

   [奏鸣曲第 1 乐章] ·· 海顿

   王家恩君（皮利必可华夫人班）

5. 钢琴独奏：

   a) Invention 创作曲 [创意曲] ························· 巴赫

   b) Valse in A Minor 旋转舞

      [a 小调圆舞曲] ·· 肖邦

   韩德常女士（欧萨可夫先生班）

6. 钢琴独奏：

   a) Courante 柯朗舞 [库朗特舞曲]··················· 巴赫

   b) Prelude 序曲 [前奏曲] ······················ 阿连斯基

   周爱仁女士（皮利必可华夫人班）

7. 小提琴独奏：

   a) Adagio from the 4th Sonata 模范曲慢板

      [第 4 奏鸣曲柔板乐章] ···························· 亨德尔

   b) Allegro from the 4th Sonata 模范曲快板

      [第 4 奏鸣曲快板乐章] ···························· 亨德尔

   章彦君（法利国先生班）

8. 钢琴独奏：

   Concerto in D Minor, 1st movement 协奏曲第一章

   [d 小调协奏曲第 1 乐章]······························ 莫扎特

   邓昭仁女士（欧萨可夫先生班）

9. 钢琴独奏：

   December 十二月 ···························· 柴科夫斯基

   梁庄仪女士（皮利必可华夫人班）

10. 小提琴独奏：

    Concerts No. 6, 2nd Movement 协奏曲第二章

    [第 6 协奏曲第 2 乐章] ························ 罗德（Rode）

    向隅君（法利国先生班）

11. 钢琴独奏：
    a) Sonata Op. 2，1st movement　模范曲第一章
       ［钢琴奏鸣曲第 1 乐章］……………………… 贝多芬
    b) Mazurka Op. 6，No. 2　马受加舞
       ［玛祖卡舞曲］……………………………… 肖邦
       何汉心女士（查哈罗夫先生班）
12. 钢琴独奏：
    Concerto in G Minor，1st movement　协奏曲第一章
    ［g 小调协奏曲第 1 乐章］…………………… 门德尔松
    范继森君（查哈罗夫先生班）

第四十七次演奏会节目单

廿五年十二月廿一日下午三时半［1936 年］

1. 钢琴独奏：
   Barcarolla　櫂歌［船歌］………………… 柴科夫斯基
   刘英嫄女士（皮利必可华夫人班）
2. 钢琴独奏：
   Nocturne　夜曲 ……………………………… 肖邦
   何露珍女士（皮利必可华夫人班）
3. 钢琴独奏：
   Romance As-dur　传奇曲
   ［♭A 大调浪漫曲］…………………………… 莫扎特
   胡正仕女士（拉查雷夫先生班）
4. 钢琴独奏：
   a) Allegro di molto　极快板
      ………… 菲利普·埃马努埃尔·巴赫（Ph. Em. Bach）
   b) Ballet Solo　舞曲［芭蕾独舞］
      ………………………………… 利亚多夫（Liadoff）
   c) Valse　旋转舞［圆舞曲］………………… 克莱斯勒
      宋丽琛女士（查哈洛夫先生班）

5. 钢琴独奏：

   Impromptu f-moll　即席作

   [f 小调即兴曲] ································ 舒伯特

   章雅女士（拉查雷夫先生班）

6. 钢琴独奏：

   Bolero　波来罗舞［波莱罗舞曲］ ·················· 肖邦

   何惠仙女士（拉查雷夫先生班）

7. 钢琴独奏：

   Concerto in B Major，Ⅱ Movement　协奏曲第二章

   [B 大调协奏曲第 2 乐章] ·························· 贝多芬

   周小燕女士（皮利必可华夫人班）

8. 钢琴独奏：

   Waldesrauschen 声在树间　［林中树木的沙沙声］

   ··· 李斯特

   马施荃女士（拉查雷夫先生班）

9. 钢琴独奏：

   Scherzo in B♭ Minor　谐曲［♭b 小调谐谑曲］·········· 肖邦

   杨体烈君（欧萨可夫先生班）

10. 钢琴独奏：

    Chant Polonais　波兰歌［波兰歌曲］ ······ 肖邦－李斯特

    李蕙芳女士（拉查雷夫先生班）

第四十八次演奏会节目单

廿五年十二月廿三日下午四时［1936 年］

1. 独唱：

   A Song of Thanksgiving　感恩歌

   ································ 弗·艾利特森（F. Allitson）

   吴越荫君（胡周淑安先生班）

2. 独唱：

   Resolution　决心

   ································· 埃德华·拉森（Edward Lassen）

   佘馥森女士（苏石林先生班）

3. 独唱：

   Oh Fair, Oh Sweet　静女其姝

   ································· 奥托·坎托（Otto Cantor）

   张全龄君（苏石林先生班）

4. 独唱：

   "The Harp that Once thro Tara's Halls"

   ［曾通过塔拉大厅的竖琴］

   ································· 托马斯·穆尔（Thomas Moore）

   成家榴女士（苏石林先生班）

5. 独唱：

   a）Songs My Mother Taught Me　母亲教我的歌

   ·· 德沃夏克

   b）Death and Maiden　死神与少女

   ·· 舒伯特

   谢绍曾君（胡周淑安先生班）

6. 大提琴：

   Andante op. 35（Concerto）　协奏曲　行板

   ································· 赖丁（O. Reiding）

   纪汉文君（佘甫磋夫先生班）

7. 独唱：

   Troppo Soavi i gusti

   ································· 弗朗西斯科·卡拉尔（Francesco Carall）

   周慕西女士（苏石林先生班）

8. 独唱：

   Aria from opera Mignon　迷娘　歌剧中之一段

   ［歌剧《迷娘》咏叹调］ ············· 托马（A. Thomas）

   唐荣枚女士（苏石林先生班）

9. 琵琶独奏：

　　郁轮袍

　　樊熻君（朱英先生班）

10. 大提琴：

　　a）Melodie　歌曲［旋律］
　　　………………… 威·菲岑哈根（W. Fitzenhagen）

　　b）Elephant　象 ………………………………… 圣桑

　　叶传麾君（佘甫磋夫先生班）

11. 独唱：

　　Once　一次 …………………… 赫里（A. Herrey）

　　林一黌君（苏石林先生班）

12. 独唱：

　　"The Mission of a Rose"　玫瑰之使命
　　………………………… 考恩（F. H. Cowen）

　　黄钟鸣君（苏石林先生班）

13. 独唱：

　　a）Into Thine Hand　在君手中 ………………… 巴赫

　　b）Vado Ben Spesso　我虽浪游
　　　………………… 萨尔瓦托·里萨（Salvator Resa）

　　王大乐女士（胡周淑安先生班）

14. 独唱：

　　"In Questa Timbro scura"　在此昏暗的坟墓中
　　…………………………………………… 贝多芬

　　杜刚君（苏石林先生班）

15. 独唱：

　　"Tis Not Ture"　这是不真实的
　　………………………… 蒂托·马泰（Tito Mattei）

　　张品华女士（苏石林先生班）

16. 独唱：

　　"Quand La Flamme de L'amour"　爱　火 ………… 比才

　　胡投君（苏石林先生班）

第四十九次演奏会节目单

廿五年十二月廿八日下午三时半［1936年］

1. 钢琴独奏：
   Venetianisches Gondellied 威尼司櫂歌
   ［威尼斯船歌］……………………… 门德尔松
   孙尊武君（吴伯超先生班）
2. 钢琴独奏：
   无词曲第四首［无词歌第4首］ ………… 门德尔松
   陈传熙君（李惟宁先生班）
3. 钢琴独奏：
   2 Studies Op. 740 练习曲二首 ……… 车尔尼
   刘育和女士（皮利必可华夫人班）
4. 钢琴独奏：
   Etude F-dur 练习曲［F大调练习曲］
   ……………………… 莫什科夫斯基（Moszkovsky）
   陈玠女士（拉查雷夫先生班）
5. 钢琴独奏：
   Adagio from Pathetic Sonata 悲怆模范曲 慢板
   ［《悲怆奏鸣曲》柔板乐章］……………… 贝多芬
   张昊君（欧萨可夫先生班）
6. 钢琴独奏：
   Sonata E Major, Op. 14, 1st movement 模范大曲第一章
   ［E大调奏鸣曲第1乐章］ ………………… 贝多芬
   司徒怀卿女士（拉查雷夫先生班）
7. 钢琴独奏：
   Capriccio Brilliant 快活杂感曲［辉煌随想曲］
   ……………………………………………… 门德尔松
   张绿漪女士（皮利必可华夫人班）

8. 钢琴独奏：
   Variations in G Major　变体曲［G大调变奏曲］
   ························· 莫扎特
   刘悦意女士（查哈罗夫先生班）
9. 小提琴独奏：
   Concerto no. 5 in A Major, 1st Movement with Cadenza
   协奏曲第一章［A大调第5协奏曲第1乐章及华彩乐段］
   ························· 莫扎特
   张舍之君（介楚士奇先生班）
10. 钢琴独奏：
    a）Adagio from Sonata Op. 13　模范曲慢板奏鸣曲
    ［奏鸣曲Op. 13的柔板乐章］ ·············· 贝多芬
    b）Mazurka Op. 33, No. 4　马受加舞
    ［玛祖卡］ ······························ 肖邦
    钱琪女士（查哈罗夫先生班）
11. 钢琴独奏：
    Scherzo in B^b Minor　谐曲
    ［^{b}b小调谐谑曲］ ······················ 肖邦
    杨体烈君（欧萨可夫先生班）

二十五年度下学期音乐演奏会节目
第五十次学生演奏会

二十六年三月下午四时［1937年］

Ⅰ. 合唱：
1. La Sonnambula［歌剧《梦游女》］ ·········· 贝利尼
2. Judas Maccabaeus······"Come Ever Smiling Liberty"
   ［清唱剧《犹大·马加比》之"来吧，永远微笑的自由"］
   ························· 亨德尔

3. His Yoke is Easy［他的负担是轻的］……………… 亨德尔
4. 抗敌歌……………………………………………… 黄自

Ⅱ. 独唱：
1. Recitative and Aria……"Angels Ever Bright and Fair"
  ［宣叙调与咏叹调］…………………………… 亨德尔
  洪达琦女士（应尚能先生班）
2. "Vision"［幻景］…… 赫尔曼·克劳斯（Hermann Claus）
  戴萧嘉惠（胡周淑安先生班）
3. Chanson Triste 悲歌……… 亨利·德帕尔克（Henri Deparc）
  张蓉珍女士（赵梅伯先生班）
4. Don Carlo［《唐卡洛斯》］……………………… 威尔第
  斯义桂君（苏石林先生班）

Ⅲ. 管弦乐合奏：
1. Concerto for Strings［弦乐协奏曲］…………… 亨德尔
2. a）Lyric Suite：Nocturne 夜曲［抒情组曲：夜曲］
  ………………………………………………… 格里格
  b）March of the Dwarfs 侏儒舞［侏儒进行曲］
  ………………………………………………… 格里格

第五十一次学生钢琴演奏会

二十六年四月一日下午四时［1937 年］

1. Arabesque［阿拉伯风格曲］…………………… 舒曼
  韩德常女士（欧先生班）
2. Presto a la Gigue［吉格舞曲风格急板］
  ………………………… 莫什科夫斯基（Moszkovski）
  梁雪姬女士（拉先生班）
3. a. Fruhlingsnacht 春夜………………… 舒曼－李斯特
  b. Etude Gis-moll［g 小调练习曲］……………… 肖邦
  李蕙芳女士（拉先生班）

4. a. Fantaisie-Impremptu 偶成幻想曲［即兴幻想曲］
  ·· 肖邦
  b. Polichinel［小丑］······················· 拉赫玛尼诺夫
  黄廷贵君（欧先生班）

5. a. Etude［练习曲］························· 斯克里亚宾
  b. Etude［练习曲］······················· 利亚多夫（Liadoff）
  Miss Maria Erkku［玛利亚·埃尔库女士］
  （皮夫人班）

6. Concerto in a minor 第一章［a 小调钢琴协奏曲第 1 乐章］
  ·· 格里格
  吴乐懿女士（查先生班）

第五十二次学生演奏会

二十六年五月十一日下午四时［1937 年］

1. 独唱：
  a）Nymphs and Shepherds 水神与牧童
   ［仙女与牧羊人］························· 珀塞尔
   吴碧霄
  b）It was a Dream 原来是一梦 ········ 考恩（F. H. Cowen）
   梁佩文
  c）Solveig's Song［索尔维格之歌］··············· 格里格
   李豪（胡周淑安先生班）

2. 独唱：
  a）Invictus［不屈之士］···················· 胡恩（B. Huhn）
   谢绍曾
  b）Addio 再会 ························· 托斯蒂（F. P. Tosti）
   吴樾荫（胡周淑安先生班）

3. 独唱：Arietta Opera of Cienna
   ·················· 博尼法齐奥·阿肖利（Bonifazio Asioli）
   李英治（赵梅伯先生班）

4. 二部合唱：
   a) Till Dawn［直到破晓时］ ················· 勒韦（G. Loewe）
   b) The Manly Heart（From Magic Flute）
      ［歌剧《魔笛》之"勇敢的心"］ ··············· 莫扎特
      李豪女士与谢绍曾君（胡周淑安先生班）
5. 独唱：
   Mignon［迷娘］ ················ 托马（Ambroise Thomas）
   刘玛琍女士（苏石林先生班）
6. 独唱：
   Renouveau［大地回春］ ······ 莱昂·德尔克鲁瓦（Leon Delcroix）
   伍芙蓉女士（赵梅伯先生班）

第五十三次学生演奏会

廿六年五月十三日下午四时［1937年］

1. 钢琴独奏：
   a) Gigue 侠格舞［吉格舞曲］ ················ 霍克（Hock）
   b) Study 练习曲 ················ 斯特里比尔特（Stribilt）
   黄若珍女士（皮夫人班）
2. 钢琴独奏：
   a) At the Sea 海上 ······························ 阿连斯基
   b) Poet's Heart 诗人之心 ························· 格里格
   林沾恩女士（皮夫人班）
3. 钢琴独奏：
   Rondo From Sonata C minor Op 13
   ［c 小调奏鸣曲 Op. 13 的回旋曲］ ··················· 贝多芬
   陈正平君（李惟宁先生班）
4. 钢琴独奏：
   Presto a la Gigue 侠格舞式急板
   ［吉格舞曲风格急板］ ············ 莫什科夫斯基（Moszkovsky）
   梁雪姬女士（拉查雷夫先生班）

5. 钢琴独奏：

 Theme and Variations 变体曲

 [主题与变奏] ··· 柴科夫斯基

 何端荣女士（查哈罗夫先生班）

6. 琵琶独奏：

 一个血战的纪念 ·· 朱英

 陈韶君（朱英先生班）

7. 钢琴独奏：

 Fire Scene from Die Walküre 神火：华居利歌剧中之一段

 [歌剧《女武神》的神火场景]

 ·························· 瓦格纳－布拉辛（Brassin）

 潘美波女士（查先生班）

第八次春季学生演奏大会

廿六年五月廿四日晚八点半在新亚酒店礼堂 [1937 年]

第一部

1. 乐队合奏：

 甲、弦乐协奏曲（Concerto for Strings）

 ························ 韩德尔（Handel）[亨德尔]

 1. 正板（Tempo Giusto）[适合乐曲风格的速度]

 2. 慢板（Adagio）

 3. 快板（Allegro）

 乙、抒情联曲中之二段（Two movements from "The Lyric Suite"）[《抒情组曲》的两个乐章]

 ···························· 葛理格（Grieg）[格里格]

 1. 夜曲（Nocturne）

 2. 侏儒进行曲（March of the Dwarfs）

 佘磋甫夫先生（Prof. I. Shevtzoff）指挥

2. 钢琴独奏：

    甲、海上（At the Sea）

    ………………… 阿伦斯基（Arensky）［阿连斯基］

    乙、诗人之心（Poet's Heart）

    ………………………………… 葛理格（Grieg）

    林沽恩女士

3. 独唱：

    何适？（Quo Vadis?）［你往何处去］

    ………………………… 奴　格（Nougues）

    张蓉珍女士

4. 琵琶独奏：

    一个血战的纪念………………………… 朱　英

    陈韶君

5. 独唱：

    呢娜（Nina）［妮娜］

    ……………… 裴国莱失（Pergolese）［佩尔戈莱西］

    杜刚君

6. 钢琴独奏：

    协奏曲第一章（Concerto, g minor 1st movement）

    ［g 小调协奏曲第 1 乐章］…… 圣赏司（Saint-Saens）［圣桑］

    李蕙芳女士

7. 合唱：

    甲、凯旋英雄（马加步斯圣乐中之一段）(See the Conque-ring Hero Comes) (From "Judas Maccabaeus")

    ［清唱剧《犹大·马加比》之"见得胜英雄凯旋归"］

    ………………………………… 韩德尔（Handel）

    乙、来吧，永远微笑的自由"马加步斯"圣乐中之一段（"Come, Ever Smiling Liberty" from "Judas Maccabaeus"）

    ［清唱剧《犹太·马加比》之"来吧，永远微笑的自由"］

    ………………………………… 韩德尔（Handel）

丙、他的负担是轻松的"弥赛亚"圣乐中之一段
("His yoke is easy"from "Messiah")
[清唱剧《弥赛亚》之"他的负担是轻松的"]
………………………………………… 韩德尔(Handel)

赵梅伯先生指挥

吴乐懿女士伴奏

第二部

1. 大提琴独奏：

甲、旋律(Air)………………………… 巴赫(Bach)

乙、嘉伏脱舞(Gavotte)[加伏特舞曲]
………………………… 坡柏(Popper)[波佩尔]

朱崇志君

2. 独唱：

甲、残酷的命运（欧南尼歌剧中之一段）
"Infelice e tuo Credevi"(Ernani)
[歌剧《埃尔纳尼》咏叹调]
………………………………… 味第(Verdi)[威尔第]

乙、天昏地黑（马克裴司歌剧中之一段）
"Come dal ciel precipita"(Macbeth)
[歌剧《麦克白》咏叹调] …………… 味第(Verdi)

斯义桂君

3. 小提琴独奏：

甲、行板(Andante) ………………… 韩德尔(Handel)

乙、轮旋曲(Rondo)[回旋曲] ……… 梅于尔(Mehul)

陈又新君

4. 钢琴独奏：

变体曲(Variations in F major)

[F大调变奏曲]

蔡可夫斯基(Tschaikovsky)[柴科夫斯基]

何端荣女士

5. 合唱：

　　甲、玉门出塞……………………………………… 李惟宁

　　乙、旋转舞与合唱"浮士德"歌剧中之一段

　　　　（"Valse et choeur" from "Faust"）

　　　　　　………………………… 过　诺（Gounod）［古诺］

　　　独唱者：张蓉珍女士任　雪倍儿（Siebel）

　　　　　　田鸣恩君任　浮士德（Faust）

　　　　　　斯义桂君任　魔鬼（Mefistofele）

　　丙、万岁"梦游者"歌剧中之一段"Viva" from "La Sonnambula"［歌剧《梦游女》之合唱"万岁"］

　　　　　　………………………………… 贝利尼（Bellini）

　　赵梅伯先生指挥

　　吴乐懿女士伴奏

第五届毕业生演奏会

二十六年六月十六日晚八时半在青年会礼堂举行［1937年］

1. Recitative and Air from "The Seasons" "四季"圣乐中之一段 ［清唱剧《四季》的宣叙调和咏叹调］………………… 海顿

　　胡然君

2. Organ Prelude and Fugue 风琴序曲及赋格曲 ［管风琴前奏曲与赋格］…………………… 巴赫 - 李斯特

　　过拉女士　Miss Helen Gora

3. a）Who is Sylvia? 谁是雪尔维亚？

　　　　［谁是西尔维亚？］………………………… 舒伯特

　　b）Minnelied 恋歌……………………………… 勃拉姆斯

　　c）Widmung 献词………………………………… 舒曼

　　d）Before my Window 窗前 ………………… 拉赫玛尼诺夫

　　胡然君

　　　　　　Interval［中场休息］

4. a) Nocturne op. 9, No. 1 夜曲 ················· 肖邦
   b) Menuet 小步［小步舞曲］················· 拉威尔
   c) Gnomenreigen 土地神舞［侏儒的轮舞］········ 李斯特
      过拉女士　Miss Helen Gora

5. a) 你是好比一朵花 ···················· 舒曼　青主译词
   b) 今日北池游 ······················ 华丽丝　Valesby
   c) Air from "Madame Butterfly" "蝴蝶夫人" 歌剧中之一出
      ［歌剧《蝴蝶夫人》之咏叹调］············· 普契尼
   d) Air from "Turandot" "杜仑度特" 歌剧中之一出
      ［歌剧《图兰朵特》的咏叹调］············· 普契尼
      胡然君

6. Concerto Op. 22　2nd and 3rd movment
   ［钢琴］协奏曲第二，第三章 ················ 圣桑
   过拉女士　Miss Helen Gora

萧友梅办学文档

北大音乐研究会章程

一九二〇年十月十九日

第一章　总纲

第一条　本会定名为北京大学音乐研究会。

第二条　本会以研究音乐发展美育为宗旨。

第三条　本会附设于北京大学。

第二章　组织

第四条　本会现分古琴、丝竹、昆曲、钢琴、提琴、唱歌六组，其余陆续增设。

　　　　古琴组内附中乐唱歌。

第五条　前条各组之变更及前条各组外之增设，均须经职员会议决。

第六条　遇有特别情形经职员会议决，会长认可，于第四条各组外得设特别班。

　　　　关于特别班之一切事务由职员会临时订办法处理之，特别班之变更或废止，于会长及职员会认为必要时行之。

第三章　会务

第七条　本会事务如左

　　　　　一　研究乐术，技术上之研究属之；

　　　　　二　讲演乐理，理论上之研究属之；

　　　　　三　刊行杂志，发表本会著作交换音乐知识；

　　　　　四　其他事务。

第八条　研究乐术由校中聘请导师照第四条六条所设之组或班分别教授，导师之金薪由校中支给之。

第九条　除前条支薪之导师外得由校中或会中聘请无薪之名誉导师于音乐之学理或技术上担任指导。

　　　　名誉导师以当代音乐大家或本校教员之精于音乐者为限。会中聘请名誉导师须职员会议决会长认可。

第十条　讲演乐理分为长期临时二种，长期讲演由会中导师名誉导师任之，临时讲演临时请由会中导师、名誉导师、音乐大家或当代鸿儒任选。

第十一条　杂志由本会编辑发行，款项不敷时由校中垫借有余时归还。

第十二条　杂志入款若支付杂志一切用项及归还校中垫款后犹有盈余时，其盈余之款照左列办法处分：

　　　　　一　以三分之一作杂志公积基金；

　　　　　二　以三分之一作杂志预备金及扩充杂志之用；

　　　　　三　以三分之一拟作会中公用。

第十三条　杂志章程另定之。

第十四条　第七条所列事务非经大会议决及会长认可不得废止。

第四章　会员

第十五条　本校教职员学生有志研究音乐者得入会为本会校内会员；校外人士有志研究音乐者，亦得入会为本会校外会员。

第十六条　会员之资格自缴费时取得至下届应缴费用而不缴费时丧失之，会员丧失资格后于第七条所列事务失其请求权。

第五章　职员

第十七条　本会职员及其权限如左；

　　　　　一　会长　会长一人校长任之维持本会督促进行；

　　　　　二　主任干事　主任干事一人赞襄会长督理会中事务；

　　　　　三　中文文牍　中文文牍二人共同掌管会中中文文书记录事项；

　　　　　四　西方文牍　西文文牍一人掌管会中西文文书记录事项；

　　　　　五　会计　会计一人掌管会中一切收支事项；

　　　　　六　干事　干事每组一人掌管各该组一切事项；

　　　　　七　编辑　杂志编辑一人掌管杂志之集稿编稿校对事项；杂志副编辑一人协同编辑掌管杂志之集稿、编稿及校对事项；

　　　　　八　杂志经理　杂志经理一人管掌杂志之印刷、发行、杂志款项之出入、保存及不属于编辑之事。

第十八条　除会长由校长兼任外，各组干事由各该组会员选举之，其余之一切职员由全体会员选举之，以得票最多数者为当选。

　　　　　前项选举用记名聊记投票法于大会时举行。

第十九条　除会长外其余职员之任期均为一年，但连当选得连任。

第二十条　除会长外其余职员因故去职或不能执行职务时以该

职员之得票次多数者递补之。

前项被递补之职员以补至原任期满为限。

第二十一条　职员因事请假，得由该职员自举一人代理其职务，须得职员会之同意。

第二十二条　各职员于各该职务范围内之事项主持一切，由各该职员之意思决定处理之。但须通知职员会并不得侵及其他职员之职务，及防害会中公益或事务。与其他职员之职务或会中全部有关之事件由职员会议决处理之。

第二十三条　职员之办事细则另订之。

第六章　经费

第二十四条　照本校制度每年分作三学期，会员须照左列办法按期纳费。

  一　校内会员每人每组每学期纳国币一圆；

  二　校外会员每人每组每学期纳国币四圆；
　　他校学生为会员者得照校外会员例减半收费但须提出足资证明之文件。

第二十五条　如有特别情形经职员会议决，得将某组或某种会员之会费加收或减收。

经会长特许者得减其会费之一部或免除其全部

第二十六条　会员所纳会费留作会中办事之用。

照前项支出后犹有余款时，应缴本校会计课。

第二十七条　除杂志款项外会中一切账目由主任干事，会计及直接有关系于该款项之职员负责，杂志款项由经理及直接有关系于该款项之职员负责，除随时得由各该职员报告会长及职员会外，并须于大会时结束报告。

第七章　开会

第二十八条　本会开会分左列三种：

　　一　大会每年一次于九月或十月内择日举行之；

　　二　职员会有必要时经职员二人以上之提议举行之；

　　三　演奏会每年一次于春假前择日举行但经职员会议决会长认可得于春假前后之时期外举行之。

第二十九条　左列各事于大会报告讨论或举之；

　　一　会中经过之一情形；

　　二　杂志款项之一切经过情形及其帐目；

　　三　除杂志款项外之收支情形及其帐目；

　　四　一切会务之进行及扩充计划；

　　五　会长职员会员之提议事项；

　　六　职员会不能解决之事件；

　　七　第十四条第三十三条之事件；

　　八　第十八条之事件；

　　九　其他事件及足资娱乐之一切事件；

第三十条　左列各事于职员会讨论或议决之：

　　一　职员一人以上之提议事件；

　　二　会员三人以上之提议事件；

　　三　大会或演奏会之筹备；

　　四　大会决议执行之事件；

　　五　第五条、第六条、九条第二项、二十一条第一项、二十二条第二项、二十五条第一项；

六　职员之报告事件：

七　音乐之研究事件。

第三十一条　纪念日、节日或其他春秋佳日，经会员三人以上之提议得由提议及赞成之会员举行，游园、聚餐、同乐等会由职员会办理之。

第八章　附则

第三十二条　本章程无明文规定者，以会员之意思决定之。

第三十三条　本章程经会员三人以上之提议，五人以上赞成时，得于大会修改之。

第三十四条　本章程自议决日施行。

中华民国九年十月十九日议决。

《音乐杂志》（北大）第 1 卷第 8 号，1920 年 10 月

国立音乐专科学校学则

（1931年以后历期教务会议修正）

（一）**宗旨** 本校以教授音乐理论及技术，养成音乐专门人才及中小学音乐师资为宗旨。

（二）**科组** 本校分本科，研究班，附设高级中学，高中师范（以上为正科）及选科，特别选科与补习班，设理论作曲，钢琴，小提琴，声乐，国乐及师范七组。其系统如下表：

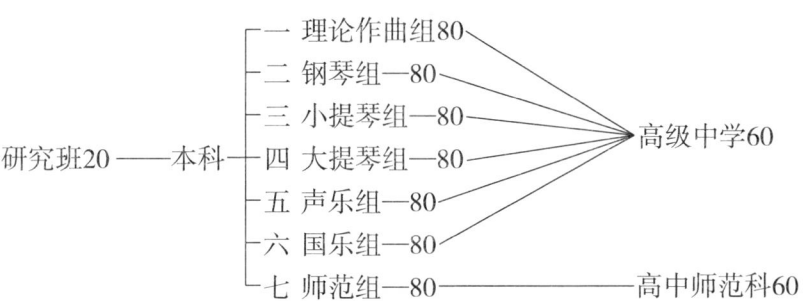

（说明：表内数目字示各科组应修了之学分数）

（甲）本科教授高级理论与技俩，目的在养成音乐专门人才。

（乙）本科师范组为养成高级中学音乐师资而设。

（丙）研究班专为有志研究最高之音乐理论技术者而设。

（丁）高级中学，为本科之预备。

（戊）高中师范科为养成初中及小学音乐师资而设。

（己）选科专为对于音乐会有研究，欲继续专攻一门者而设。

（庚）特别选科为有志研究音乐而为定章所限不得入其他各科班者而设。

（辛）补习班为初学音乐者而设。由师范科教生实习教授。

（三）课程类别　各科课程分主科，副科，共同必修科目及选修科目四种，课程表另定之，课程以学分表分其数量。

（甲）选修第二乐器以一种为限。

（乙）选修其他学科者，同时不得过三种，惟成绩优良之学生，经教务主任同意时得酌量增选。

（丙）正科生凡以理论作曲、钢琴为主科者，必须选修国乐一种，至少试学一学年。

第一　各科班课程及学分分配表

科目	每周教课时	每学期可得学分	本科应修学分	本科师范组应修学分	研究班应修学分	高中应修学分	高中师范科应修学分
党义	1	1/4				1/2	1/2
国文	2	约1/2	2	2		2, 1/2	2, 1/2
国音	1	1/2				1/2	1/2
英文	6—2	1	4	2		6	6
普通乐学	2	1/2				1	1
默谱 视唱	2	1/2				2	2
合唱	2	1/4	1	1		1, 1/2	1, 1/2
和声	2	1				4	4
作曲法初步	1	1/2				1	1
和声解剖	2	1	1	1			
曲体解剖	2	1	2	2			
领略法	1	1/4				1	

续表

科 目	每周教课时	每学期可得学分	本科应修学分	本科师范组应修学分	研究班应修学分	高中应修学分	高中师范科应修学分
音乐史	2	1/2	2	2			
音乐教育概论	2	1/2	1	1			
声乐通论	2	1/2					1
试教	2	1/2		1			1
教育学大纲	2	1					1
心理学大纲	2	1					1
普通教授法	2	1					1
音乐教授法	2	1					1
管理法	2	1					1
音学	2	1				1	1
主科	1		40	20	20	20	20
副科	1		20	8	0	12	12
选修科			7	0	0	7	0
		学分总数	80	40	20	60	60

第二　各主科学分及科目表
甲　主科学分

级　别 \ 组别\学分	理论作曲组	钢琴组	小提琴组	大提琴组	声乐组	国乐组
初级	20	20	20	20	20	20
中级	20	20	20	20	20	20
高级	20	20	20	20	20	20
共	60	60	60	60	60	60

注意：1. 各级标准及试验规则另定之。2. 此表所示即选科生应修之主科学分数。

乙　理论作曲主科科目

1. 和声学（Harmony）

2. 高级和声（Advanced Harmony）

3. 键盘上和声实习（Keyboard Harmony）

4. 练耳与默谱（Ear-training and Dictation）

5. 单对位法（Simple Counterpoint）

6. 复对位法（Double Counterpoint）

7. 配器法及实习（Instrumentation）

8. 国乐编制法（Arrangement of old Chinese Music）

9. 曲体学（Music-Forms）

10. 和声解剖及乐曲解剖（Analysis）

11. 赋格曲作学（Fuga）

12. 名著研究（至少研究 Sympony 及 Opera 各二套）

13. 乐队指挥实习（Conducting）

14. 自由作曲（Free Composition）

丙　声乐主科科目

练声　Voice Training　　　3. 英语读音　　（Diction）

a. Voice Placing　　　　　 4. 国语独唱

b. Vocalises　　　　　　　 5. 外国语独唱

意大利语、德语或法语（一学分）

第三　各种选修科目表

科　　目

1. 理论作曲主科课程　　　10. 教育学

2. 大提琴主科课程　　　　11. 教授法

3. 声乐主科课程　　　　　12. 心理学

4. 第二乐器或第三乐器　　13. 管理法

5. 管弦家队练习　　　　　14. 声乐通论

6. 中西乐合奏练习
7. 复音合唱
8. 作文作歌实习
9. 第二外国语

15. 音乐教育概论
16. 音乐史
17. 音学　Acoustics

（四）主科及副科

（甲）凡本科及研究班学生，必须由下列六组中认定一组。（一，理论作曲。二，钢琴。三，小提琴。四，大提琴。五，声乐。六，国乐。）高级中学及本科师范组得于入学时选定一种主科，由教务主任视学生能力酌定之。

（乙）凡高中师范科学生须由下列三组中认定一组。（一，理论作曲。二，钢琴。三，声乐。）凡以理论作曲为主科者必须已修了普通和声学，成绩在七十五分以上。

（丙）凡正科生以理论作曲、大小提琴、声乐、国乐为主科者，必须以钢琴为副科，以钢琴为主科者，得任选——副科。（惟小提琴不得为副科）

（丁）凡正科生欲将副科改为正科者，须副科分数及学分超过主科方可照准。凡以理论或国乐为主科之正科生中途改入他组时应追缴全部半费。（26 教）

（戊）凡本科及高中师范学生副科学分满时即应停止，如个人仍愿继续学习时，应照选科生加选第二主科办法缴费。

（己）凡高中，高中师范学生在校八学期必须修了副科十二学分在校十二学期，必须修了二十学分（初级修了）。否则不再为排上课钟点。

（庚）正科生连续二学期副科平均不足六十五分，或连续两学期不得学分时，如主科分数在七十分以上，可改为选科，如主科分数不足七十五分，当改为特别选科。

（辛）凡高中及高中师范生在学六学期，主科已升中级而共同课仍未修满者，倘欲继续修习主科时，主科应照特别选科中级付费。

（壬）选科特别选科及补习班生即不分主副科。

（癸）凡正科生考试及格，主科分数不到七十五分而副科在七十五分以上时，应以副科改主科，如主副科分数均不到七十五分者，可另选主科试学一学期。（但第一学年不在此例）

（五）共同必修课　（一）正科生遇共同必修课开班时，必须修习，惟因病或其他特别事故，不能随班上课时，须得教务主任允许，方准缓修。

（六）入学资格

（甲）高级中学入学资格，十八岁以下初中毕业或有同等学力者；

（乙）高中师范科入学资格，须二十一岁以下，初中毕业或有同等学力者；

（丙）本科入学资格，须二十二岁以下，高中毕业及本校高级中学毕业或有同等学力者。（主科分数须在七十五分以上）

（丁）本科师范组入学资格须年未满二十五岁高中毕业及本校高中师范科毕业或有同等学力者（主科分数须在七十五分以上）；

（戊）研究班入学资格，须本校本科毕业生暨修了主科高级课程之选科生；

（己）选科入学资格，凡曾受普通教育而对音乐会有研究者，年龄规定如下：

（一）学乐器者，满八岁至二十岁，

（二）学乐器者，满十八岁至二十八岁者，

（三）学理论者，满十二岁至二十八岁。

以上甲，乙，丙，丁，戊，己，六项均须经入学试验及格，始

得入学；（庚）正科与选科之外籍学额，不得逾各该科全体学额十分之一。（27次教）

（辛）特别选科入学资格，凡有志研究音乐，而为定章所限不得入各科班者；

（壬）补习班入学资格为年龄过小或初学音乐者。

（七）转科

（甲）凡本校高中师范科毕业生入本科正系时以经主科教员认为有修了高级课程之希望者为限；

（乙）本校本科师范组毕业学生欲转入本科正系时，年龄须在二十四岁以下，主科分数须在八十五分以上，且经主科教员认为有修了高级课程之希望者，入学后并须添修副科及外国文。

（八）底分　凡由他校转来技术音乐之学分，本校概不承认，惟一学期后，主任教员得视其程度酌给底分。

（九）修业年限　平均修满二十学分者为一学年，高级中学，高中师范科，各须修足六十学分，本科师范组须修足四十学分，本科须修足八十学分，研究班须修足二十学分，始能毕业；修业年限：本科（师范组除外）高级中学及高中师范科均为三年；本科师范组二年，研究班至少一年。新生入学之第一学期，为试验学期；在此时期内，如经主任教员认为不宜学习时，得命其改入他组，或改选别种学程，或转学他校。选科生所习学程，以不超过正科生规定修习之学分为限，修业年限无限制，每学期修毕之学程，发给学期成绩表，其依照本校试验规程修了一级课程者，得发给修业证书。

（十）缴费　各科学生每学期应缴之费如下表：

甲　高级中学高中师范科本科及本科师范组各生每学期缴费表

费别＼组别	理论作曲组	钢琴组	大提琴组	小提琴组	声乐组	国乐组
学费	12.50	25.00	25.00	25.00	25.00	12.50
制服费 男	15.00	15.00	15.00	15.00	15.00	15.00
制服费 女	10.00	10.00	10.00	10.00	10.00	10.00
校医费	1.00	1.00	1.00	1.00	1.00	1.00
共计 男生	25.50	41.00	41.00	41.00	41.00	28.00
共计 女生	23.50	36.00	36.00	36.00	36.00	28.50

乙　选科生每学期缴费表（补习班照国乐组缴费　研究班照高级缴费）

组别＼级别	初级	中级	高级	备注
理论作曲组	27.50	37.50	47.50	1. 理论作曲之选科生如经入学试验及格得免费修习钢琴。
钢琴组	40.00	50.00	60.00	2. 加选第二主科者每学期初级生加缴 25 元，中级生加缴 35 元高级生加缴 45 元
大提琴组	40.00	50.00	60.00	
小提琴组	40.00	50.00	60.00	3. 加选中音提琴，吹乐器或国乐器之一种者每学期加缴 12.50 元
声乐组	40.00	50.00	60.00	
国乐组	12.50	12.50	12.50	4. 凡已修了普通乐学，普通和声学与练耳视唱者每学期得少缴十五元
校医费	1.00	1.00	1.00	

注意！选修共同必修科之一种者每学期缴费二元（但领略法音乐史合唱合奏四门免费）

选修 普通和声学 者每学期缴费 12.50 元
　　　作文及作歌　　　　　　　10.00

丙　选科生半费及免费表（每学期缴费数目）

科　别	半费或免费	校医费	备注
中音提琴（Viola）	27.50	1.00	自备乐器
低音提琴（Double Bass）	校医	1.00	自本校预备乐器

续表

科　　别	半费或免费	校医费	备注
洋管（Oboe）	27.50	1.00	自备乐器
长笛（Flute）	27.50	1.00	同上
单黄霂栗（Clarinet）	27.50	1.00	同上
各种铜乐器	27.50	1.00	同上

以上各费，每学期开学后两日内为旧生缴费注册期；新生取录后，须在指定日期内缴费注册。旧生逾期不注册者，即将新生递补遗缺，新生逾期不注册者，即取消入学资格，以备取者递补。

十一　请假

（甲）学生未注册者概不得请假。已注册者，开学时因事请假不得逾两星期，（其因亲丧请假者以一个月为限）逾期以自请退学论。

（乙）凡因事或因病请假回籍者，须用书面通知教务处，寄宿生并须通知指导员。

（丙）因事或因病不能上课时，须先通知注册课，填写请假单。由注册课通知各该科教员。

十二　迟到及缺课

（甲）在摇铃五分钟以后到课者，作为迟到，十分以后到课者，作为不到，二次迟到者，以一次不到论。

（乙）对于各科缺课（无论因事因病）逾一学期四分之一者，不准与学期考试。

十三　考试

（甲）技术考试。采用会考制，考试时业得邀请校外音乐专家列度批评。

（详见本校试验规则）

（乙）升级试验。凡学生主科升级攷制，每学期不得举行两次。

未考初级或未经认为初级修了者，不得考入中级；如学生初级考试及格，而分数不及七十五分者，不得升入中级；中级考试，不到八十分者，不得升入高级；高级考试不到九十分者，不得入研究班。

（丙）补考　除因亲丧或疾病（须有医生证明）缺考者外，无论月考或学期考试，均不得补考；其无故缺考者应改入特别选科；但正科生主副科成绩优良经各该主任推算时，得改为选科生。

（丁）A. 凡正科生从第二学年起每学年所得学分不满十五个者（因病除外）得令其休学或改为选科生

B. 凡正科生主副科不及格者得令其退学。

C. 凡正科生主副科在七十五分以上但一学年平均分数不极格（因不上已开班之必修科而不及格者亦然）或共同必修科有半数不及格者，应令改为选科。

D. 补考所得分数，以九折计算，每补考一科，须缴补考费二元。

十四　退学及复学　有下列事情之一者，得令其退学：

一，无故缺课至一学期四分之一者；

二，不守规则者；

三，关于自动退学或逾期未缴费不逾一年者如欲复学时，上学期分数正科生平均分数须有七十五分以上，选科生所选各科分数须有七十五分以上，操行分数九十分以上，遇有缺额时，方得允准。

十五　毕业

（甲）凡高级中学，高中师范科，本科及本科师范组学生，至少须在校三学期，方可领毕业证书。

（乙）凡毕业生历年平均分平均在九十分以上者为最优等，在八十分以上者为优等。

（丙）凡男生未经修了军事训，女生未经修了救护法者，概不发给毕业证书；但选科生如在他校已修了此项功课者，须有该校证书，

方得发给修了证书。（外籍学生及年龄在十六岁以下者不在此例）

  制服 男女生须一律穿本校规定之制服。制服颜色，女生冬用黑色，夏用白色，男生冬用黑色，夏用灰色，材料以国货为主。

  演奏会 每学期举行演奏会一次至四次，藉表学生成绩。凡校学生，均有出席演奏之义务。

  凡出席演奏会者，均须着黑色制服。但女生夏季出席合唱者，得着白色制服。

选科章程（1932年6月改正经呈教育部备案）

第一条　本校为造就专攻音乐理论技术各门人才，附设选科，遇正科生有缺额或必要时，得招取新生。

第二条　凡已考取正科新生，不准临时改为选科；但主副科考试成绩极优者，得酌量办理。

第三条　凡本校正科生共同必修科成绩不佳，或无修了之希望时，而主科成绩优良，经主任教员推荐者，亦得改为选科生；但正科被必为选科之学生，在一学年内，如仍选习共同必修科三种以上，而主副科及所习必修科考试及格，且得学分至20个时，得恢复为正科生。

第四条　凡选科生在第一学期内，不得兼选两主科，惟一学期成绩优良经教务主任认为者，得再选一主科；但对于两科具有研究，经考试及格，且专在本校肄业者，得许其兼选。

第五条　凡选科生从第三学期起，所选修之主科成绩不足七十五分时，得令其改入特别选科或退学。但在一年之内，如学期考试分数在八十分以上，操行分数在九十分以上，经教员推算而遇学校有缺额时，得准恢复选科学籍（廿次教・三・）

第六条　凡选科生三学年不能升一级者，应改为特别选科或退学。

第七条　凡选科生如无特别事故,每学期缺课四分之一,或学期试验无故缺考者,应改入特别选科或退学。并不得恢复选科学籍(廿次教·一·)

第八条　凡选科生,须自备乐器。

第九条　凡选科生一律通学。

第十条　选科生应缴各费,见学则第九条。

第十一条　选科生每周上课时数如下表:

	科　目	小时	备注
1	主科	1	理论主科除外
2	普通乐学及和声学	2	理论组选科以钢琴代此科,每周上课一小时,但须经入学试验及格方准学习
3	视唱及练耳	2	
4	合唱	1或2	选修声乐者必修
5	领略法	1	如有特别事故不能兼修此二科时可准免修
6	音乐史	2	

凡选科生如自问不能每周上足上列各课时,(国乐组除外)应改入特别选科,但年龄须十五岁以下者,得暂缓修和声学。国乐组选科生,如欲兼修2.3.两科时,须照章另缴学费。

第十二条

(甲)选科生必须应钢琴初级试验及格(选习钢琴者除外)并兼习普通乐学,练耳,视唱,和声学,方得领取各级修了证书;但受试验者如在他校对于上述四种已经学过,经本校试验认为及格时,亦可发给证书。

(乙)选科生男生如在他校未修了军事训练女生未修了救护法

时，应在本校兼习此项功课，否则概不发给证书。

特别选科章程

一、本校为有志研究音乐而为定章所限不得入各科班者，设特别选科

二、本校各科学生欲加修者，得入特别选科。

三、入特别选科，无国籍年龄之限制。

四、入特别选科，有选择教师之自由。

五、特别选科毕业标准，采用学分制，与本校各主科及各选修科同。

六、特别选科生如欲领得修了证书时，须照选修生章程第十一条办理。

七、授课时间与地点，可由教师与学生自由商定之。

八、特别选科学生，须自备乐器，否则不收。

九、学费每学期按四个月计算，费须先交。

十、如学校有缺额时，特别选科生得添选共同必修科功课，照选科生缴费表纳费。

十一、特别选科学生概不寄宿。

选课规则

一、凡正科生（高中，高中师范，本科及本科师范）须选定一种主科（如理论，钢琴，小提琴，大提琴，声乐，国乐等，）凡以理论为主科者须修了普通和声学。成绩在七十五分以上。以钢琴为主科之正科生，应习国乐一年。（学则第三条丙项）

二、本校现聘定主科教员（见教务处通告栏）。各正科选科生愿从某先生学者，应在选课单上注明，以便分配；但选课已定之后，

在一年内不得更动。

学生如无主见或新生未谙本校情形者,应向教务咨询一切!

三、主科以外各科教员均由本校分配。

四、上学期会在某班学习者,如无意改入别班,而该班教员愿收容该生时,当时仍留原班。

五、主科各教员教授学生名额均有一定,如希望就学者超过规定名额时,应由教务主任支配或该教员举行试验选择之。

六、选科生如欲选习其他专门或普通选修科目者,应照每学期选修课程表办理。

七、正科生选习选修科目,同时不得过三种。

八、同时不得学习三种乐器。

九、凡用讲义的选修科目,选习者不满十人不开班。

附 注:

一、选科生除主科外,必须兼修普通乐学,和声,视唱,练耳,(声乐组选科生应加选合唱,管弦乐组选科学生应加选合奏,——除得乐队指挥暂准缓修者不在此列,)此外选科生得任意选音乐史,领略法(不另加费)凡选科生不得学习上列各课者,(国乐组除外)应改入特别选科。

二、凡正科正欲改入选科,应在选课单上第一项内填明理由。凡选科生欲改入正科者,应在选课单上第一项内先期声明,及招考时报名应考(惟毋须缴报名费)。

选课单			
一	主科	副科	
二	愿入	先生组如该组数已满愿收入	先生组

			续表
三 选修科目本年拟选习下列　　　　　种			
（甲）	（乙）	（丙）	
中华民国　　年　月　日　科学生			签字

三、如下学期欲改科别或主科者，应于上表一及二两项下写明理由。

国立音乐院学生惩戒章程

第一条 学生惩戒分为下列六种：

（一）训诫；（二）记过；（三）扣分数；（四）停止应享权利；（五）休学；（六）取销学籍。

第二条 学生有犯下列各项之一而情节较轻者应受教育委员会主席或指导员训诫令其悔改：

（一）对于本校一切纪念开会及纪念周无故不到者；（二）无故旷课或屡次请假者；（三）对于教职员无礼者；（四）对于同学有无礼举动者；（五）一切不正常行为有关本校风纪者；（六）违犯一切校规者（违犯宿舍规则由指导员训诫）。

第三条 学生有犯下列各项之一者应提交训育委员会分别记过

（一）违犯第二条规定之任何一项曾经训诫以后仍不悛改者

（二）对于考试有舞弊者

（三）有意毁坏本校悬挂一切规则及标语者

第四条 学生有犯下列各项之一者应扣分数

（一）记过一次者扣学期平均分数二分

　　　记过二次者扣学期平均分数五分

（二）无故不出席演奏者扣学期平均分数一分

（三）违犯第二条第一项之规定两次者扣学期平均分数一分

（四）凡参加校外一切演奏会未得本校教务主任及主任教员许可者扣学期平均分数一分

第五条　学生有犯下列各项之一者应停止其应享权利

（一）凡寄宿生违犯宿舍规则经过训诫记过以后仍不悛改者应令其迁出宿舍

（二）违犯图书室及练琴室规则者得暂时停止其在该两室应享权利

（三）凡记过二次者概不得享受奖学章程所定权利

第六条　凡正科生从第二学年起每学年所得学分不满十五个者（因病除外）得令其休学

第七条　学生有犯下列各项之一者应令取消学籍

（一）有本校学则第十一条之规定者

（二）新生逾缴费期限者旧生于开学后无故迟到并未请假逾两星期者但旧生未缴费者不得请假请假不得逾两星期

（三）有不法行为或品行不端与本校名誉秩序关系重大者

（四）一学年内记过至二次者

（五）有意违犯校规不受训诫反侮辱训诫先生者

第八条　本章程经训育会议议决提交校务会议通过施行

审计委员会章程

一、名称　本会定名为国立音乐专科学校审计委员会

二、会员　本会会员定为五人由教职员中通信票选之外籍教员除外主席临时推定开会时事务主任暨会计员当然列席报告会计情形

三、任务　本会为撙节费用及厉行经济公开以审查预算及每月开支账目收据并临时特别支出为任务

四、会期　本会每月聚会至少一次但遇必要事得临时召集之

五、任期　本会会员任期为一学期每逢学期之始改选连选者连任

六、附则　本章程如有未尽事宜得由会员二人以上之提议经会员过半数之通过方能实行

七、实行　本章程经校务会议通过实行

修正理论作曲组课程标准

本校原定理论课程标准之初级功课，有一部分已列入共同必修科内，且每级各门功课因在试行期内，未会规定学会，兹将各级功课重行厘订，并注明各门功课之学分数如下：

初级

科目	学分
1. 高级和声	2
2. 高级默谱	1
3. 键盘和声	2
4. 单对位	2
5. 曲体学	1
6. 自由作曲（丙）	
a. 小品	2
b. 民歌	2
7. 国乐两种（管乐及弦乐，或两种不同性质之弦乐器）	共 8

总计 20

中级

科目	学分
1. 复对位法及 Canon	2
2. 赋格曲 Fuga	2
3. 配器法	4
4. 国乐编制法	1
5. 自由作曲法（乙）	4

a. Art Song b. Part Song c. 中曲

6. 名著研究（乙）   2

a. Art Song 十曲	1
b. Sonata 二曲	1/2
c. Chamber Music 一套	1/2
d. Fuga 五典	1

第六项内任选修两学分

7. 中级钢琴

总计 20

高级

科目	学分
1. 配器法研究	2
2. 自由作曲（甲）	13

a. Cantata

b. Chamber Music，Sonata

c. Overture

d. Symphony

e. Art Song

f. Opera

3. 名著研究（甲）

 a. Overture 四套   1

 b. Oratorio 一套   1

 c. Symphony   1

 d. Opera 一套   1

以上四种连历史在内

4. 指挥实习

总计 <u><u>20</u></u>

（1933 年 2 月 7 日上午 10 点第 41 次校务会议通过）

修正本校组职大纲

第一条　本校定名为国立音乐专科学校,以教授音乐理论及技术,养成音乐专门人才及中小学音乐师资为宗旨。

第二条　本校设本平,研究班,附设高中部,师范科及选科;本科分理论作曲,有键乐器,乐队乐器,声乐,国乐,师范六组。

第三条　本校设校长一人,综理校务,由教育部聘任之一。

第四条　本校设教务主任一人,秉承校长处理一切教务,设秘书一人,秉承校长撰拟重要文稿公牍函件布告及处理校长室日常事务,设注册员一人至四人办理注册事宜。

第五条　本校设事务主任一人,秉承校长办理一切事务,设会计员,庶务员,图书出版员,校医及书记八人至十六人分任会计,庶务,图书出版,医务各事宜。

第六条　本校设训育主任一人,秉承校长管理全校学生训育事宜,设男女学生指导员二人至六人,分任监察宿舍一切事宜。

第七条　本校各主任,秘书,专任及兼任教员,助教,导师,事务员,校医均由校长聘任之,并呈报教育部备案。

第八条　本校会议分下列四种:

1. 校务会议,以校长,教务主任,事务主任,训育主任,为当然委员，并就本国籍专任教员中选出三人组织之，讨议及议决本校组织，预算，及其他关于全校立法事项，由校长召集之。

2. 教务会议，以教务主任，各组教员代表一人，及各共同课教员代表三人组织之，讨议本校教务，审查学生成绩等事，由教务主任召集之，遇必要时，得邀请有关系之教员临时出席，开会时注册员须列席。

3. 事务会议，以事务主任及各事务员组织之，遇必要时，得请训育处各职员，或校医出席，由事务主任召集之，讨议本校一切事务。

4. 训育会议，以训育主任，公民学教员，各指导员，及本国籍专任教员组织之，讨议本校一切训育事务，由训育主任召集之一。

第九条　校务会议得设下列各项委员会：

1. 建筑费筹募委员会　2. 特别财务委员会　3. 稽核委员会
4. 考试委员会　　　　5. 图书出版委员会　6. 音乐委员会
7. 播音委员会　　　　8. 职业介绍委员会　9. 其他委员会

第十条　本大纲呈请教育部核准施行。

国立音乐专科学校抗日救国会成立

本校全体师生鉴于此次日本掠夺我版图，杀戮我同胞，于前日（廿二日）在该校礼堂先开临时紧急会议，推举起草三人，于昨日（二十三日）下午开成立大会，通过大纲及宣言、代电并选出干事会及交际代表。当场议决多件（尤以积极施行军事训练及努力制爱国歌以期激励我国人热血）外，并电中央请缨，誓赴国难。旋由俞成之演讲中日外交史，全体声泪俱下，痛不欲生。

代　　电

各报馆并转南京中央政府、北平张副司令、两广同志及全国各学校各团体均鉴：日人谋我满蒙，用心深远，今竟乘我兵祸天灾，自顾不遑之际，蔑视国际公约，突然逞兵据我东三省，佔我葫芦岛狼吞虎视，竟欲窥伺我平津，席卷我河北，暴力所至，我父老昆季，为彼惨杀，我田宅庐墓为彼焚毁，我兵营府库为彼摧残，凡我血性同胞，谁不为之心伤气愤，怒发冲冠。我政府一忍再忍，节节退让，曾不足以触发其天良，而暂止其暴行，同人等椎心之余义愤兴起，用特组织国立音乐专科学校抗日救国会，誓与国人一致抗日。除决定永远经济绝交，亟施军事训练，创作爱国歌曲，激励军民勇气外，并泣请政府暨各方捐弃私见，本总理以党救国之遗志，协心努力，息争对外，更积极调劲旅，运赴前方，为效命前驱，自当唤醒国人，誓作后盾也。临电迫切，不胜悲恸之至。

国立音乐专科学校抗日救国会叩梗

（编者注：北平张副司令，是指张学良将军；两广指广东、广西）

国立音乐专科学校抗日救国会宣言

各位同胞!

　　大家已经到亡国灭种的生死关头了,你们感到心痛吗?你们要想自救么?

　　这回的事实,你们大概已经知道了些吧!就是日本帝国主义乘我水灾兵祸严重到不得了的时候,竟无原无故开来几师团的兵,把他三十年来想而未得的东三省,在两三天内,一齐占去。我国军队在这种猝不及防的当见,只好节节退让,避免冲突的扩大,而凶狼残毒的日本反转跟踪进逼,愈演逾烈,惨杀了我们的父老,焚烧了我们的房屋,解散了我们的东北学校,捣毁了我们顶大的兵营同工厂械库,不惟我们的东北的精华所在,通通变成了瓦砾焦土,就是我们新辟的海港如葫芦岛、秦皇岛等地他也接着派兵去了。以目前这种日日滋长的严重情形看来,他简直有不杀尽中国这一般无抵抗的柔军顺民,不占尽中国这一块很肥沃的田园土地,决不半途终止的样儿。

　　同胞们!你们不要以为他相隔还远,与自己尚痛痒不关,要是把他这次蹂躏东北一日千里的速度计算,你纵使潜伏在新甘康藏,要不到半月,他就可以把你们的头取下来做夜器,把你的妻拏撄到怀来供他悔辱；你们更不要以为自己拥有多数金钱一骨碌跑到外国去，借洋大人势力的庇护，什么惨痛都不受。你要晓得亡国奴——尤其是黄种人，其受鄙视于世界各国恐怕比从前旧社会之对付私生子还要来得厉害十倍，与其像那样忍心受辱来延长自己的生命，不如在目前干脆的死了，比较痛快得多。

老实说，只要是中国人，无论他汉满蒙回藏，工农兵学商，整个的生命，都已经到了最后的一息，我们目前要是还不急起反抗，此后真是死无葬身之所了，顶切要的方法自然：

第一：是要请这一批明争暗斗、握有军权政权党权的实力者，把那种残杀同胞引起外侮的祸国勾当马上停止，保存中国最后这一息细如游丝的元气，协力对外，要是那个还固执成见，继续互相对垒的形势，无论他是什么伟人名人信徒领袖，我们都只能认定他是间接帮助日本帝国主义逞凶的卖国贼，倾陷我们四万万五千万同胞生命财产，狗彘不如的东西，我们非首先寝他的皮吃他的肉不可！

第二：只有请政府积极准备军事，抽调劲旅作避不可免之一战。因为到了现在，已经是退无可退忍无可忍了，根本他这次费偌大的力议书，机条非战公约，就可以请他转去的，他不转去，东三省还有我中国人在那儿立足的可能吗？我们如果把他由琉球而台湾而朝鲜而旅顺大连步步吞并的事实，及田中义一所说"欲称雄世界非征服支那不可，欲征服支那，非先夺取满蒙不可！"的语来一看，那末他东三省得了以后，岂仅黄河以北有危急之象，就是大江以南的青天白日旗他又能让你多飘扬几天？所以现在已经逼到挺而走险的田地，实在舍战未由了。纵然我们队伍的军械同组织，不一定赶得上他，但是我们具有这种盛气，个个都抱有"宁为玉碎不为瓦全"的宗旨，未始不可与他作最后的殊死战。欧洲从前摩洛哥不是抗过西班牙法兰西数载，杜南斯洼抗过英吉利几年吗？总不相信日本的强能强过当日蝗法西，中国的弱就弱于鏖战的摩杜？在过去那腐败无能的清室，他尚且有甲午一战总承认缔结马关条约，而口口声声喊打倒帝国主义的革命政府，难道竟绝无抵抗，就奉送他辽宁三省不成？何况中国号称有常备军二百余万，自鼎革以来，不知我们老百姓倾家破产供养了他们许多脂膏血汗，难道说这二百万人中尽都是张献忠李自成那样的流贼草寇，绝无个像中兴土尔其的基马尔将军吗？平常他们争权夺利，劳民伤财，大打而特打，泣血哀告，他们绝不怜恤我们而终止，这次我们牺牲一切不懊悔，并集合全体民众的力量来作他们前仆后继的援助，还有什么首尾可畏!？官兵以为国捐躯为无尚的荣誉，国民党以打倒帝国主义废除不平等条约为最终目的，假使有国难而不赴，遇蹂躏而听之，还叫什么军人，谈什么党义；战！战!! 战!!! 我们要为这谋民族生存，避不可免的战而战!!!

第三：永远抵制仇货不与日本人合作。本来这椿事体，已经做过几遭，我们五分热血的同胞，都是不能久持，未收几许效力，结果还是让人家把自己的血吃够了，再来打你这个瘦小贫弱的身体。这回创深痛巨，大家总要永远记着，世代勿机可！

第四：我们人人都要锻炼成强健的身体，人人都要有充分的军事常识。因为莫有军事常识，就莫有作后备军的资格。

以上这几项，都是全国同胞应该积极互相勉励，大家一致督促进行，庶几全体同胞才有一线生路，亡国灭种之祸得免呵！谨此宣言。

国立音乐专科学校抗日救国会

萧友梅办学的基本特色
——以国立音专为例

黄旭东

萧友梅1884年1月7日出生于广东香山县（今中山市）。先后留日（1902—1909）留德（1912—1919）十五年。1920年春回国后，在北京教学、办学七年；1927年11月在蔡元培支持下于上海创办"国立音乐院"，1929年改为"国立音乐专科学校"，办学十三年，1940年12月31日去世。本文介绍的，是与"国立音乐院"一脉相承的"国立音乐专科学校"（以下简称"音专"）时期萧友梅办学的若干基本情况。供大家了解参考。

首先要说明一点，"音专"为一所高等音乐专科学校。但2007年上海音乐学院80周年大庆时，陈聆群先生在《音乐艺术》第3期发表的《从国立音乐院到国立音乐专科学校的创业十年》中却把它说成"中专"。陈先生在文中一方面说"依靠校长萧友梅和全体师生员工经艰苦努力，把学校建设成为了""一所真正的高等音乐学府"；一方面又毫不含糊地把国立音专定性为"中专"；说"……有了这许多高水平的教师，音专就能在被'降格'为中等专科学校的情况下，维持着高过于中专和相等于高等音乐学校的教学水平。"

"音专"究竟是一所什么等级或性质的学校，这是必须要明确的。我曾写过一篇题为《"国立音专"是"中等专科学校"吗?》，发表在《人民音乐》2009年10号上；与此同时，我还电邮向桑桐院长请教，他随即复信说，"陈聆群对国立音专的'等级'有误解，你的论证很充分，符合实际，有说服力。"① 不过，在旧社会，音乐在教育界的地位不高也不被重视，这是不争的事实。按1931年3月国家教育部公布的《修正专科学校规则》第五条甲乙丙丁四类42种专科学校来看，"音乐专科学校"排序在"丁类"8种学校的第四位；开办费仅有6万元，其地位确实很低。但地位再低，却并非"中专"。在校刊《音》上刊登的教育部给"音专"的许多"命令"，是同时下发给各大学的，这说明"音专"，包括当时的国立杭州艺术专科学校都享受高等学校待遇。据《音》第45期（1934年6月号）所刊，教育部颁发《大学研究院暂行组织规程》，令大学应设置研究院或研究所，研究生从大学本科毕业生中招收。这个文件，"音专"也属下发单位之一。还有，《申报》索引中历来将"音专"列入高等院校。很明显，当时国家教育部直接主管的国立专科学校均属于高等院校，为大专性质，根据专业的特殊情况可设本科和研究班，就如现在的大专院校如果具备条件也可设本科班。

"音专"倾注了萧友梅整整13年的心血（含2年"音乐院"时期）。在这13年间，概括地说，萧友梅艰苦创业、勤俭办学；从严治校，秉公处事；严于律己，不徇私情；事必躬亲，任劳任怨；待人慈和，帮困扶贫；淡泊名利，急公好义；谦虚谨慎，务实求真；

---

① 桑桐院长致黄旭东信全文：

旭东先生：陈聆群对国立音专的"等级"有误解，你的论证很充分，符合说服力。最后一页上重庆的"上海国立音专"抗战后的"上海国立音专"，均需改为"国立上海音专"，这是与原"国立音专"名称上的不同处。另外，有趣的是国立音乐院虽改名国立音专，但英文译名保持未动。

桑桐 2009．3．27

不知疲倦，积劳成疾……是真正意义上的鞠躬尽瘁，死而后已。在萧友梅身上，集中体现了我们中华民族的传统美德。尤其是在国难当头时他所表现出的崇高的爱国主义思想、积极的爱国行动和凛然的民族气节，更是值得我们、值得后人永远景仰和学习。

下面我想从八个方面，简要介绍一下萧友梅在"音专"时期办学的基本特色。

1. 从音乐教育既不普及又不被重视的国情出发，创设了不同培养目标的多种学制。"音专"的办学方式，在保证质量的前提下，依据当年我国的实际情况，相当灵活；过去常有人说萧友梅办学照搬西欧的一套，这是不妥的。"音专"早期的学制，分设预科、专修科、选科、特别选科、师范科、本科和研究班。1931年起又增办附设高级中学、高中师范和补习班。就专业设置而言，分设理论作曲、钢琴、小提琴、大提琴、国乐5个组。据现有资料统计，从1927－37年的十年间，总共有699名学生先后入学就读，其中绝大多数是选科生，而且绝大多数都没有毕业或修了课程，就被社会聘用；各科毕业生或修了生仅有54名：其中本科生4名、本科师范22名、师范科12名、高中部5名；选科高级修了5名、中级修了7名。而且必须说明，由于各种原因，当年直接招到的本科生一个也没有。这4名本科毕业的学生，都是由预科或高中班或高中师范的资格考入"音专"后，在学校用了几年的苦功学习才升入本科的。

下面简要介绍几位著名的"音专"已故选修生、毕业生——

声乐教育家喻宜萱（1909—2008），她是1929年9月考入"音专"高中师范科，1932学年度上学期高中师范毕业后进本科师范组，1933年6月毕业；是当年"音专"3名首届毕业生之一；其他两位一是本科钢琴组李献敏（她是"音专"唯一的从预科读起，一直读到研究班后由萧友梅推荐获庚子赔款选送留学比利时皇家音乐院,后又往巴黎深造,是首位登上布拉格国际音乐节的中国钢琴家;另一位是选科高级班钢琴组裘复生。

理论作曲家贺绿汀(1903—1999),三进三出"音专":1931年2月第一次考入,成为钢琴、和声选课生,一年后离校;1933年第二次考入,在1934年10月举办的"中国风"钢琴创作比赛中,以《牧童短笛》获头奖,崭露头角;1935学年度又考入选科理论初级班,1937年夏自请退学。

钢琴家丁善德(1911—1995),1928年考入预科,先以擅长的琵琶为主科,不久改学钢琴,师从查哈罗夫,1935年本科毕业。

作曲家江定仙(1912—2000),1930年考入,成为钢琴(导师吕维钿、查哈罗夫)、理论作曲(导师黄自)的选科生,至1934年;1936年继续随黄自(1904—1938)学作曲。

曾在"音专"就读过、如今健在的,就我所知有:声乐教育家周小燕(1918—),且至今还参与一定教学活动;指挥家陈传熙(1916—),广西南宁人,他是由萧友梅建议、教育部发函,省教育厅主持考试选拔享受公费进"音专"的边远省区受惠者之一;理论作曲家、音乐学家钱仁康(1914—),1935学年度以理论作曲为选科考入,1936年转到高中班,1941年本科毕业;钢琴专业的钱琪(1912.3—2011.9)是"音专"毕业生中的寿星,辞世不足一个月。

"音专"培养的一批又一批学生,建国后大多成为音乐教育领域的领导骨干、教学(研究、表演)骨干。

2. 以传授西洋音乐理论与技术为主,也不忽视民族音乐的教学与整理,教学要求极其严格。一所学校,能开什么样的课程和开多少课,直接关系到学校的教学水平与质量。据1931年10月修正呈报教育部备案的《国立音乐专科学校学则》中的规定,举例简介如下：

（1）"理论作曲专业主科"（分初、中、高三级）须学完14门课程才能升级或毕业。它们是："和声学"、"高级和声"、"键盘上和声实习"、"练耳与默谱"、"单对位""复对位"、"配器法及实习"、"曲体学"、"和声解剖及乐曲解剖"、"赋格曲做法""名著研究"、"乐队指挥实习"、"自由作曲"、"国乐编制法"。

（2）学校还明文规定，凡正科生以理论作曲、钢琴为主科的学生，必须选修国乐一种，至少试学一年；1938年起萧友梅又亲自开设《旧乐沿革》即古代音乐史的讲座。可见"音专"并没有忽视民族音乐的教学。

（3）各科初级学生考试，及格而分数不满75分者，不得升入中级；中级考试，不满80分者不得升入高级；高级考试，不满90分者，不得入研究班。

（4）毕业考试科目须五种以上。其中至少三种是包含全学年的课程。

（5）选科生，必须修了"普通乐学""视唱练耳""和声学"三门课程才能领取到修了证书。

（6）表演专业的技术考试，采用会考制，并要邀请校外音乐专家列席批评。

仅就上述几条规定，基本可知当年"音专"的教学内容与要求之严格。

3. 把师资队伍建设放在首位，网罗社会贤才，不惜重金聘请高水准教师来校任教。国立音乐院与"音专"时期的专业教师有杜庭修（合唱）、王瑞娴（钢琴）、李恩科（钢琴）、朱英（琵琶、笛）、青主（理论作曲）、萧淑娴（钢琴）、吴伯超（钢琴、乐学、二胡）、黄自（作曲理论）（李惟宁）（钢琴、作曲）、赵梅伯（声乐）、陈洪

(理论作曲)等,这些教师他们都是当年国内具有真才实学的著名音乐家。

外籍专业教师有俄籍吕维钿夫人(钢琴)、意籍富华(小提琴)、俄籍佘甫磋夫(大提琴)、苏石林(声乐)、匈牙利籍华勒(视唱)等等。这里介绍三位外籍教师。

一是1929年聘任的钢琴家查哈罗夫(1988-1943)。他是彼得堡国立音乐院毕业后留校任教7年。20年代末到中国,1929年受聘为"音专"特约教授兼钢琴组主任。他开始十分傲气,瞧不起中国学生,不愿应聘,萧友梅以人才难得,一再恳请,"三顾茅庐",倍加礼遇,以月薪280元(一般教授为200元)聘任,而且只教8个学生(一般教12个学生)。他一上任,兴趣就来了,愿意教更多的学生。于是就增加到15人,月薪400元,与校长相同。萧友梅之所以如此,就在于他深知办学以师资为本,极其看重人才。查氏在校任教12年,不仅传授演奏技巧,还向学生介绍了大量世界钢琴文献,大大提高了学生的演奏水平和音乐修养,为中国培养了一批优秀人才——李献敏、李翠贞、丁善德、劳冰心、巫一舟、范继森、吴乐懿等都出自他的门下。

二是小提琴家富华(1900—1981),1921年应梅百器聘来沪,历任上海工部局乐队首席小提琴、独奏演员、副指挥。1928年受聘为国立音乐院兼任教员,后为小提琴组及乐队乐器组主任。我国第一代小提琴家如戴粹伦、陈又新、徐锡绵(即徐威麟,后为美国朱莉亚音乐院小提琴教授)等均出自其门下。1949年后留在上海人民政府乐队(前身即工部局乐队,后改名上海交响乐团)任首席小提琴兼指挥。1952年赴香港任中英交响乐团(即今香港管弦乐团之前身)指挥。

三是大提琴家佘夫磋父(1894一?),毕业于圣彼得堡国立音乐院,曾执教于西伯利亚伊尔库茨克国立音乐院。20年代初来沪,任上海工部局乐队首席大提琴。1928年受聘为国立音乐院大提琴组主任兼乐队教练。张贞黻、李元庆、朱崇志等大提琴专业的所有学生(包括李献敏、钱琪等人的选修课)均受业其门下,为我国培养了第一批大提琴专业演奏及教学人才。

4. **实行学分制与技术考核相结合的教学管理体制**。所谓学分,当年教育部有明文规定:"凡须课外自习之课目,以每周上课一小时,满一学期者为一学分,实习及无须课外自习的科目,以二小时为一学分。"学校对所有主科定为初级、中级、高级三个技术等级,规定了不同的学分标准;每一个等级的提升,都必须经过由校长、教务主任、专业组长、主科教师组成的考试委员会主持的升级考试,合格者才能升级。

对学分的要求,以1935学年度公布的本科作曲理论专业为例。规定应修学分总数为150,其中主科60学分,副科钢琴30学分,其他为合唱(4),音乐史(8),国文、英文(各12)、德文或法文(12),选修课(12)。钢琴、声乐两个专业,要求也是150学分。乐队乐器(大小提琴、小号、长笛等)和国乐120至150学分(见1935年9月号校刊《音》)

5. **课堂教学、艺术实践、科学研究(编辑、出版)三结合,全面兼顾**。第一项教学很明显也容易理解,从略。这里主要介绍后一项。据现有资料,以"音专"名义先后办过4个刊物:1929年5—7月出版《音乐院院刊》3期;1929年11月—1937年10月出版校刊《音》64期;由教师易韦斋、萧友梅、黄自主编的季刊《音乐杂志》4期(1934年1月—11月),它是由"音专"教师组成但不属于学校的一个学术社团"音乐艺文社"办的同仁刊物;还有由陈洪主编的《音乐月刊》1937年11月创刊、1938年2月停刊,共出4期;

1939年6月由陈洪编的《林钟》，仅见一期。"音专"的学术氛围及其浓郁。

出版的书谱仅1933年的就有青主（廖尚果）的《诗琴响了》和《乐话》（音乐美学著作）、华丽丝的《音境》（歌谱）、萧友梅的《普通乐学》、《和声学》、《新霓裳羽衣舞》（钢琴曲）；黄自的《春思曲》（歌谱）等等。

6. **依靠全体教师，民主办学**。全校各项工作，由校务会议、教务会议、事务会议、训育会议来讨论决定（还有校务与教务或训育或事务联席会议）。据目前所见史料，自1930年1月9日召开第1次校务会议起，至1937年共举行了92次校务会议。学校根据需要，还举行教职员全体会议，比如1936年11月24日为捐款支援绥远抗日将士，由校长主持召开全体会议，每人认捐，当即以"音专"名义将捐款送《申报》馆转交。

7. **建设起了一套规范化的艺术实践制度**。学校明文规定，凡本校学生，均有出席演奏会之义务。演奏材料过多时得增加演奏会次数。全校性的优秀生演奏会每学期举行一次，春季以4月底、秋季以11月底为演奏期，以表学生成绩。学校专门成立音乐会委员会负责办理全校演出事宜。（详见另文）

8. **经费拮据，精打细算，一切为了教学，全校收支公开**。当年教育部对"音专"的经费卡得很紧。规定应给6万元开办费，每年经常费5万元，不但始终没做到，而且该发的经常费还一再克扣。学校第一学期预定的每月经费3000元，1927年11月开办时计划招收50人，但招生太迟没有招足，政府立即扣去400元，改为2600元。第二学期招足了，每月也仅仅领到3060元。不但应给的没有给足，还要拖欠。比如1931年度竟欠六个半月经费，学校如何运转，困难可想而知。但是，萧友梅带领大家，极力撙节，1929年度以后，学校已有 5500 余元的仪器及乐器，价值约 6000 元的书籍，2500 元的校具，学生增加到 90 余名（照当时的经费只能收 80 名）。

经过几年的精打细算，学校有了一定的结余款。别的学校，有的买了汽车；"音专"没有汽车，照例可以买。但萧友梅考虑到学校还没有一台可供音乐会使用质量比较好的钢琴，于是就用这笔钱买了一架德国造的伊巴赫牌三角琴。据廖辅叔先生说，上海音乐学院将其作为珍贵的历史文物保留。可惜前几年就听说这架琴已找不到了（但愿是谣传）。

当年如何使用节省下来的钱，也要开会研究。比如，1930 年 6 月 13 日在主持召开的第 8 次校务会议上，对 1929 学年度的结余款 2300 元的使用，经过讨论，决定作为添置办公用具和购买书谱、乐器所用。

"音专"每个月的收支情况，均向全校师生公开；在校刊《音》上登载。这在当年国民政府时期的教育界，据说是绝无仅有的。而在今天的中国教育界也是没有一所学校做得到。

如今虽然时代不同了，但中国 8 大专业音乐学院的领导和老师们，可否与萧友梅办的"音专"对比一下，看看哪些值得学习、继承与弘扬。

试谈萧友梅时期"国立音专"规范化的学生演出制度

黄旭东

解 题

在试谈这个话题之前,首先要说明,题目虽说是"国立音专"时期,实际上也包括前身"国立音乐院"在内。一是因为"音专"与"音乐院"在教育指导思想、教学基本要求、音乐人才培养以及各种规章制度的实行等诸多方面均一脉相承,不可分割,并无多大区分;"国立音专"五周年纪念就是从1927年11月成立"国立音乐院"算起的。二是规范化的学生音乐会演出制度,实际上在"音乐院"时期就开始了。笔者之所以会写此文,完全是由学习陈聆群先生的《从国立音乐院到国立音乐专科学校的创业十年》一文(以下简称《陈"十年"》,见2007年第3期《音乐艺术》)启发的结果。今将我所知道的一些与演出制度有关的史实写出来,与陈先生交流,供读者参考。

校内举行的53次"音乐演奏会"

在《陈"十年"》中,先是说:"1928年5月12日举行国立音乐院开校后的第一次演奏会和1928年11月26、27日举行开校一周年的师生音乐会后,便建立起了规范的学生与教师的音乐会演出制度。"史实的确如此,所下的判断也很有见地(见第50页第16行)。

但先生随后又说:"据不完全统计,音专自1930年5月26日举行它的第一届音乐会[脱漏'学生'一词]起,到1937年'七·七'事变之前,已举行了53届学生[脱漏'音乐'一词]会。"(见第55页右栏倒数第12-14行)。这么一说,就把"音专"与"音乐院"的历史无形中割断了。其实,1928年5月开过第一次演奏会后,到1930年5月整整两年时间里,学生演奏会曾举办过多次。而所谓的53届,应该是53次,陈先生在计算时,把"届"与"次"弄混了;而且这53次演奏会并非是"不完全统计",而是按1928年第一次学生演奏会起的顺序编排,到现在所见史料的1937年5月13日最后一次为止,是确切无误的统计,只是不包括以届为顺序的音乐会以及其他形式的各种演奏会在内。

据《国立音乐专科学校五周纪念刊》记载,"国立音乐院"时期举行了4次学生演奏会,1次周年纪念学生音乐会。一般说,演奏会与音乐会是一回事,只是称呼不同而已;但在音专"创业十年"间,在使用上有时是有所区别的,"届"与"次"的使用,也并非完全相同。

为了弄清史实,这里有必要说明三点,可初见规范化的学生音乐会演出制度的端倪。

第一,当年举办的学生音乐会,绝大多数是在校内举行的,都叫"演奏会"(包括器乐、声乐在内皆如此),全部以"次"来编号排序。而凡在校外本市剧场举行的,大多数称"音乐会",一般以"届"(也有用"次")排序计算,对外售票,一年一届(次)。

第二,"次"和"届"虽都是量词,可在使用上有时是同义词,有时则有所区分。"创业十年"时期的学生音乐会,在计算与使用时,"次"和"届"有一定区别,二者不能简单地加在一起;只有在弄清楚有多少次演奏会和多少届(次)音乐会后二者才能相加,准确统计出总数来。

第三，演奏会"次"数的统计，是从"国立音乐院"时期的1928年5月12日举行第1"次"开始的，按年月顺序排列，到1937年"七七事变"前的5月13日，总共举行了53次（这里的次不能改为届）。但"十年"却从1930年5月26日国立音专举行第一"届"学生音乐大会起算，将1937年5月13日举行的第53次学生演奏会错误地作为最后一届，将"次"与"届"混在一起统计。史实是，1930年5月26日在本市举行第一届学生音乐会之后，至1937年5月24日，在校外举行的全校性学生音乐会共计有八届（次）［详后］。

校外举行的全校性八届"音乐会"

"十年"所谓的"不完全统计"，可能是因"受同学们之托赶写"（第57页末行）没有工夫去仔细查阅、核对相关资料，而是在未弄清和区分上述三种情况下，把几十"次"统统改称为"届"。实际上从1930年5月26日第一届学生音乐会起，每年一届（次），至1937年共举行了八届（次）——

（1）第一届学生音乐会，也称音乐大会（实物史料有演出后摄影的照片一幅），是1930年5月26日在"美国妇女俱乐部"举行。据1930年4月17日下午由萧友梅主持举行的第七次教务会议上，原决定于5月26日在妇女俱乐部举行的音乐会，按顺序名为"第八次学生演奏会"（《音》第4期第22页）。但后来却有变动，兼任教务主任的萧友梅又决定第八次学生演奏会照常，于5月19日在校内举行（《国立音乐专科学校五周纪念刊》第4页）；同时又如期举行原定在妇女俱乐部的演奏会并改称"第一届学生音乐大会"。首届音乐大会开得很成功，5月29日《时事新报》、30日的俄文《言报》都发表了评论报道，大加赞赏。之后，萧友梅还为此撰写了《本校第一届学生音乐会》一文，提醒学生"必定要下次的成绩比这一次的更好,才可以尽我们当教员当学生的义务";而且强调指出:"对于人家称赞我们的话,只可以当作客气话就好","艺术家如果注重虚荣两个字,就如同把自己的死刑宣告了一样。"(《音》第 5 期)

(2) 1931 年 5 月 16 日,在静安寺妇女俱乐部举行第二次学生音乐会。这是同年 4 月 2 日在由萧友梅主持的第 14 次教务会议上决定的,表演者"择本校成绩最优者出席"(同时还决定 5 月 8 日举行第 13 次学生演奏会、5 月 2 日举行声乐组的第 2 次学生演唱会)(《音》第 13 期,《国立音乐专科学校五周纪念刊》第 5 页)。

(3) 1932 年 5 月 28 日,在北京大戏院举行第三届学生音乐会,会后,演出学生与教师合影留念,照片上特别写明为"学生音乐大会"(《国立音乐专科学校五周纪念刊》第 6 页)。

(4) 1933 年 5 月 24 日在八仙桥青年会举行的音乐艺文社赴杭州演出返沪后举行第 2 次音乐会,以取代本年应该举行的第四届学生音乐会(这是 5 月 3 日第 42 次校务会议决定的;原因是 6 月初要举行首届毕业生音乐会,后实际在 6 月 22 日举行,《音》第 32 – 35 期合刊第 7 页),萧友梅陪同蔡元培出席赏听,开演前蔡元培还致辞。

(5) 1934 年 5 月 23 日,在青年会举行第五次学生音乐会;萧友梅又陪同蔡元培出席赏听(《音》第 48 期)。

(6) 1935 年 5 月 20 日在新亚酒店举行的春季音乐会,没有编顺序号,实际即为第六届学生音乐会(《音》第 54 期)。

(7) 1936 年的第七届学生音乐会,目前未见有资料记载,但音乐会恐怕不会不举行;第二年即 1937 年举办的音乐会编号为"八"可以佐证(史料记载待查)。

(8) 1937 年 5 月 24 日在新亚酒店举行,清楚地编号为第八次(《音》第 63 期),现见留有两幅相片,其中一幅音专合唱团全体演员与指挥赵梅伯、钢琴伴奏吴乐懿的合影(《现代音乐先驱者赵梅伯》第 46 页之后的插页）。

其他形式的演奏会或音乐会

据《国立音乐专科学校五周纪念刊》和校刊《音》记载，1927—1937 年十年间，仅就全校性的演奏会和以音专名义在校外本市举行的音乐会，可知的数目是：校内共 53 次；校外举行了八届。弄清了"次"与"届"的一定区别，两者如果相加的话，共举行 61 次。

还有，1932 年 11 月 11、13 日在音专五周年之际，萧友梅组织学生去南京金陵大学、教育部礼堂举行两场音乐会（《上海音乐音乐学院大事记名人录》第 23 页）；1933 年应全国运动会邀请，于 10 月 11、12 日在南京金陵女子文理学院和中央体育场举行了两场名为"学生特别演奏会"（《音》第 36–37 期合刊）；1937 年 4 月 11、12 日应教育部主办的全国美术展览会之邀请，组织学校的优秀生与部分教师赴南京国民大会堂和金陵大学礼堂师生同台演出两次（《音》第 63 期）。这样一算，就有 67 次。

我们还要知道，萧友梅校长对学生的艺术实践十分重视，总是尽可能地为学生多多地创造实践的条件与机会，而且音乐会的形式与内容又相当丰富多彩。据笔者所见史料有：1934 年 3 月 18 日、1935 年 5 月 25 日查哈洛夫的学生先后在美国妇女俱乐部举行过 2 次演奏会；学生自治会学艺股在萧友梅、黄自的关心下，先后组织过学术性的研究音乐会，如 1934 年 3 月 28 日第 1 次研究音乐会——肖邦作品演奏会，同年 5 月 10 日的第 2 次研究音乐会——舒伯特作品演唱会。值得特别一说的是，声乐组的学生，除参加上述各种演奏会、音乐会之外，从 1930 年 5 月 8 日举行第 1 次学生歌乐会（即声乐演唱会）起，有记载的歌乐会，又先后举行过 3 次（1931 年 5 月 2 日、1932 年 5 月 14 日、1933 年 5 月 10 日）；当年虽没有举行过个人专场的歌乐会，但 1933 年 5 月 12 日曾举行过喻宜萱、劳景贤联抉的男女声歌乐会。如此算起来，就有76次。

此外，还有1928年11月26日学校成立一周年纪念学生音乐会、1930年11月4日三周年纪念学生特别演奏会、1932年11月26日五周年纪念学生音乐大会、1933年11月27日成立六周年音乐会、1934年11月26日七周年纪念音乐会；如果把师生同台演出的音乐会（1929年11月27日学校成立二周年纪念师生音乐会、1930年11月15日成立三周年纪念师生特别演奏会、1932年3月31日和4月1日在杭州举行的"鼓舞敌忾后援音乐会"）也应计算在内，那就有85次。

最后要说，当年"国立音专"学生还不时应邀去上海的某些大学进行演出。有史料记载的几次是：1934年3月27日去交通大学，12月去大夏大学、1935年4月29日又去一次。

综上所说，在创业的十年间，学生音乐会总计有88次。

依法治校与规范化的学生演出制度

以上简要介绍了"创业十年"期学生音乐会举办的基本情况。这里再谈一下规范化的学生演出制度的形成及其体现。

依法治校，民主办学，校务信息公开，财务经济公开，是"国立音专"萧友梅时期在治校办学上的基本特点。萧友梅的教育思想是开放的，是面向实际、面向社会，从国情出发的。按照当年的时代条件与社会环境以及"国立音专"的培养目标，只要有可能与机会，萧友梅总是积极组织学生参与校内外的艺术实践活动。而规范化的学生演出制度正是他依法治校的一个方面。

1. 演出制度的法理依据 所谓依法治校，就是一切校务和教学活动都按规章制度办事。学生音乐会的组织与举办也是如此。据1928年11月《国立音乐院一览·学则》第十七条明文规定："演奏会每学期举行一次，春季以4月底、秋季以11月底为演奏期，藉表学生成绩。凡本校学生,均有出席演奏会之义务。演奏材料过多时得增加演奏会次数。"1930年5月24日经教育部批准备案的"国立音专"《学则》第十一条就是有关学生演奏会的,其中规定"每学期举行演奏会一次至四次(《音》第5期)。上述《学则》,是音专建立规范化学生演出制度、有章可循的法理依据。

2. 演出日期明文列入校历 从1930学年度起,学生演奏会的日期就列入了校历。就是说,学校严格按章办事,将学生艺术实践活动排在学校工作的日程表上。我们打开1930－31、1931－32、1932－33学年度的校历,从第9－21次的演奏会日期与第四届学生音乐大会的日期均一目了然(校历所定的日期与实际举办时间略有出入)。既然参加演奏会是学生应尽的义务,那么对无故不参加者又怎么办呢?以1931年5月16日举办的第二届学生音乐会来说,有少数几个未请假而无故没有出席大合唱节目的学生,在同月29日由黄自主持的第15次教务会议上,照章加以惩戒,扣学习平均分2分(《音》第15期)。

3. 成立音乐会委员会负责办理 规范化的学生演出制度,还集中体现在专门组织成立"音乐会委员会"这一点上。关于演奏会或音乐会,原来统一由教务处管理,连"音乐会秩序单排列事项"也规定为教务处的事务之一(1929年11月《国立音乐专科学校一览》第6页)。1932学年度开学后,由于音乐会、演奏会日渐增多,须有人具体负责办理。于是萧友梅就按照音专1930年10月修订备案的组织大纲第十条第五款的规定,专门制定了《音乐会委员会章程》(《国立音乐专科学校五周纪念刊》第36页);根据章程,于10月提议组织"音乐会委员会",委托黄自、周淑安等七人为委员,推定应尚能为主席委员,并按民告示,向全校正式发出布告(《音》第23－28期合刊)。从章程可知,委员会是"为规划筹备本校所举行之音乐大会","以期取得较完满之结果"而设立。章程对委员的人数、任期、节目的确定、演奏会售票收入的使用以及旅行演奏的管理等都由明文规定；章程还强调，委员会开会时"校长得出席发表意见"；可见萧友梅对学生艺术实践是多么重视。

4. 音乐演出保证艺术质量　要保证质量，节目的确定是关键。音乐会章程明确规定，"凡曾在校内演奏会演过之节目，经委员会开会评定，认为成绩佳良者，方可列入大会演奏"。如1930年举行第一届音乐大会时，就是在演奏会的基础上，选出曲目再开预备会由主任教员评定。（《音》第4期）学校还有规定，"非上课一月后不能外出演奏，以免技术欠成熟"；同时外出演奏也不能耽误学生的功课［为改期演出萧友梅致函大夏大学校长欧元怀、致光华大学校长张寿镛；上音档案520－37（2）－19］。可见萧友梅想得多么周到。

5. 日益完善的入场券分配办法　对于举办演奏会时入场券的分发也值得在此一说。学生演奏会的入场券原来每次都是交给出席演奏的学生自己去支配，这样做并非所有的学生都能得到。1931年12月学校决定实行一种公平的发送办法，以校长名义发出公告。新办法规定，每场演奏会赠送来宾以50张为限，其余都分赠给学生，以姓氏笔画为序依次轮流，每人两张，周而复始。这样全校学生都可享受到分配的权利（《音》第18期）。

以上种种内容，构成了一套相对比较完整的规范化学生演出制度。其中有的措施与经验，对今天恐怕还有一定的借鉴意义。

结　语

史学研究重在史实，应以史实来说话，即从确切的史实记写中，体现与说明其意义与价值。准确的数据也是不可或缺的具有充分说服力的事实。研究当然不是统计学做算术。但从"创业十年"间举行的各种学生演奏会、音乐会究竟有多少次的准确统计数字中，可以充分说明当年"音乐院"和"音专"在萧友梅领导下,如何以法治校、建立起了一套规范化的学生演出制度,以培养和提高学生艺术实践能力。而不符史实的判断与失误的统计,则可提醒我们应该重视史料的搜集与整理,在学术研究与文论的写作中应认真查阅、核对史料,而不能望文生义或信手就用。

(原载《音乐艺术》2012年第3期)

编后记

　　我之所以要编辑《萧友梅书信暨办学文档选》，主要原因是为了弥补上海音乐学院未按原计划出版《萧友梅全集》第三卷（资料图片卷）的一点儿遗憾。第三卷内容应包括：萧友梅生平与音乐活动图片、办学文档资料、未刊或未完成的文论、资料摘辑等。

　　2007年，我与学院音乐研究所副研究员汪朴老师合作，并得到"中央音乐学院出版资助计划"和广东中山市文化局以及萧友梅公子萧勤的赞助，编著、出版了体例独特、图文相间的《萧友梅编年纪事稿》，把我们所能见到的萧友梅相片悉数收录在书中，还选了11封"萧氏"亲笔书信，作为附录一；把北京大学附设音乐传习所时期举办的24次音乐会节目单作为附录二。这样，在一定程度上，弥补了没有出版第三卷的一点儿遗憾。为了能让人们更全面了解、研究萧友梅的办学思想及音乐演出活动，我又补充了所能见到的若干封书信，新增了国立音乐专科学校时期音乐会节目单及国立音乐专科学校的章程、课程标准等内容，定书名为《萧友梅书信暨办学文档选》，尽可能给人们留下一份可供参考的翔实史料。

　　本书的编校、排版，严守存真的原则，仅将繁体字改为简体字，对明显的笔误、漏字和不当的标点作了订正；另外，因时代原因，不少人名、曲名之拼写或译法，与当今通行者有较大出入的，就在随后的方括号内，用楷体字作了注释，便于理解。

在本书的编辑、校对、出版工作中，得到了萧琳、欧阳韫同志的大力协助，没有她们的出力，这本书是编辑、出版不了的。特在此表示由衷感谢。

在本书即将付梓之际，还应感谢学院科研处列项批准了我的经费申请，感谢中央音乐学院出版社的鼎力相助，公开出版。

黄旭东
2015.11.18